パーフェクトレッスンブック

女子バレーボール
基本と戦術

大山加奈（元日本代表）著

PERFECT LESSON BOOK

Introduction

はじめに

もっとバレーボールを楽しむための1冊

　いまバレーボールは、漫画の影響もあり、身長の高さに関係なく誰でも楽しめるスポーツとして注目されています。個人能力に頼るのではなく、「チーム全員」でボールをつなぎ、様々な戦術を仕掛ける。そうすると、ディフェンスとの駆け引きがより一層面白くなる。そんな魅力的なバレーボールを展開するチームも少しずつ増えてきています。

　本書では近年、戦術の主流が変わりつつある女子バレーボールに特化し、身体に負荷をかけないフォームづくりや自己管理、上達のヒントなどをまとめました。ちょっとだけ意識や視点を変えるだけで、プレーは変わっていきます。

　これからバレーボールを始める人やもっともっと上手くなりたい人、指導者の方にぜひ読んでいただきたいです。この本を読んで、もっともっとバレーボールが楽しくなりますように。そんな願いを込めて。

MIKASA
V300W
下北沢成徳

Contents

第3章 Dig&Serve Receive
ディグ&サーブレシーブ

第4章 Set
セット

Contents

第5章 Attack
アタック

第6章 Tactics
戦術

第7章 Conditioning 自己管理

Contents

第8章 Body Care
ケガ予防

第9章 Mental
メンタルを整える

Prologue

序　章

Prologue
序章

コンビネーションバレーからの脱却。それが現代のトレンド

現代の女子バレーは変わりつつある

部活動やクラブ活動でバレーボールに取り組んでいる皆さんが所属するチームでは、どんなバレーボールを目指していますか？　どんな戦術を使えば勝利につながるのか、日々試行錯誤をしているのではないでしょうか。

　世界および日本のバレーボール界全体もそうです。ひとつの戦術が生み出されれば、それに対抗する戦術が生まれる。その繰り返しを経て、進化を遂げてきました。

進化を続けてきた戦術

　女子バレーボールにおいては、サイドへの平行攻撃、クイック攻撃、

アメリカ男子チームが開発したリードブロックはブロック戦術のスタンダード

戦術のトレンドの変遷

1950年代〜	サードテンポの攻撃が主流
1960年代〜	A・B・C・Dと呼ばれるクイック攻撃、1人時間差攻撃の開発
1970年代後半〜	バックロウアタックの導入
1980年代〜	ブロード攻撃の開発 サーブレシーブの分業制が誕生 攻撃のみに専念するオポジットの誕生 リードブロックシステムの導入
1990年代〜	高速サイド攻撃が主流
2000年代〜	パイプ攻撃およびビックの開発
2000年代中盤〜	シンクロ（同時多発位置差）攻撃の導入
2010年代〜	ビッグサーバーの起用

Prologue
序章

ブロード攻撃と言われる攻撃を組み合わせたコンビネーションバレーが主流でした。ブロッカーを振るために速さを追求する攻撃に加えて、バックロウアタックも導入されました。

　ブロック技術の進化によって、時間差攻撃などが対応され始めました。セッターはセットアップからアタックを打つまでのスピードにこだわり、軌道の低いパス、セットで攻撃を仕掛けるチームもしばしば見られるようになりました。

　このような状況ではアタッカーは十分に助走準備ができず、威力のあるスパイクを打つことができません。アタッカーの能力を最大限に引き出す必要があります。

シンクロ攻撃の有効性

　現代のバレーボールでは、リードブロックがスタンダードとなり、それを打開するために、アタッカーの力を最大限に活用する「シンクロ（同時多発位置差）攻撃」が浸透してきました。ブロック最大枚数が3枚に対し、それを上回る数の攻撃を仕掛けて数的優位に立つことが狙いです。コンビネーションバレーが主

ブロック枚数に対し、数的優位な状況で攻撃を仕掛ける

流だった女子バレーボールにおいても、取り入れるチームが増えてきました。

　このシンクロ攻撃は同時に仕掛けることで、相手ブロックの枚数を必然的に減らすことができます。体格にハンデがあってもアタッカーが優位な状況で攻撃を仕掛けることが可能になるのです。

　まさに「全員攻撃」でブロッカーに攻撃の的を絞らせないのが、シンクロ攻撃の最大の魅力です。

　守備面でシンクロ攻撃に対抗するには、サーブ、ブロック、ディグを連携させてトータルディフェンスで勝負していく必要があります。サーブで狙いを定め、できるだけ相手の攻撃体勢を崩す。キルブロック（シャッ

Prologue
序章

トアウト）を目的にブロックするのではなく、アタックをレシーバーへ誘導するようにネット際で壁を作ります。守備の面でも「全員守備」を心がけ、「全員攻撃」を迎え撃ちましょう。その駆け引きがバレーボールの面白さのひとつです。

本書では、サーブ、ブロック、ディグ&サーブレシーブ、セット、アタックという流れに沿って「全員攻撃」「全員守備」をテーマに基本技術と戦術を紹介していきます。

Serve

サーブ

第1章

Serve
サーブ
第1章

相手の弱点を狙い攻撃の選択肢を減らす

サーブは、1人でも得点が狙えるプレーですが、役割はそれだけではありません。相手チームの弱点に狙いを定め、サーブレシーブを崩し相手の攻撃の選択肢を減らす、セッターに万全な状態でセットさせないことでブロックの的を絞るなど、ディフェンスを優位に運ぶ役割を担っています。

　バレーボールのラリーはサーブから始まることから、サーブは「必ず入れる」「ミスしてはいけないんだ」などという意識を持っている方も多くいるのではないでしょうか。

　入れることを前提に緩いサーブを打ってしまうと、相手チームにサイドアウトを取られて得点を奪われます。一方、自分たちがサーブミスをしてし

効果を生む チェックポイント

- ☑ 相手の弱点を狙いディフェンスを優位に運ぶ
- ☑ サーブミスをしてもサイドアウトを取ればいいという意識を持つ
- ☑ 強いサーブでハイリターンを狙う

まったとしても、サイドアウトを取れば、再びサーブおよびブレイクチャンスは巡ってくるのです。

そのようなバレーボールの本質を考えると、現代のトップシーンではたとえリスクがあってもより厳しいサーブや強いサーブを打ち込み、ハイリターンを狙っていくことがスタンダードになっています。

女子バレーにおいても、ジャンプ系のサーブが主流となり、強いサーブを打ち込むシーンも増えています。

ミスを恐れず積極的に自分が狙ったところへ強いサーブを打つ。それが試合を有利に運ぶことにつながるので、サーブ練習に取り組みましょう。

狙う場所を細かく設定。相手を確実に崩していく

サーブを狙った場所へ落とすにはコートをエリアで分けて、実践を想定して目標を設定することが大切です。

最初はコートを4分割から設定し、6分割、9分割と細かく刻んでよりピンポイントに狙いを定めていきます。

サーブの正確性が徐々に身についてきたら、左ページ図【コートをエリアで分ける】のように9分割したゾーンをさらに「A」「B」「C」「D」と設定します。

実際のコートには区分けはされていませんが、合計36分割のマス目をイメージして狙いを定めていくことで、よりサーブの精度を上げましょう。

エリアだけではなく、相手アタッカーの得意、不得意を見極めて狙っていくのも効果的です。

前方を狙ってひざをつかせたり、頭上や助走と逆方向を狙って助走のタイミングを遅らせたり、万全な状態でスパイクを打たせない工夫が必要です。

いろいろな場所にサーブを自由自在に打ち込み、確実に相手チームの攻撃体勢を崩していきます。緩急をつけてコースを狙っていきましょう。

ワンポイントで意識がカワル!

相手セッターの傾向を分析してディフェンスにつなげる

サーブの効果をディフェンスの成功につなげていくには、相手のセッターの傾向を分析しておきます。どんなパスが出たらどこへセットが上がるのか傾向を把握し、ブロックにつきましょう。

コートをエリアで分ける

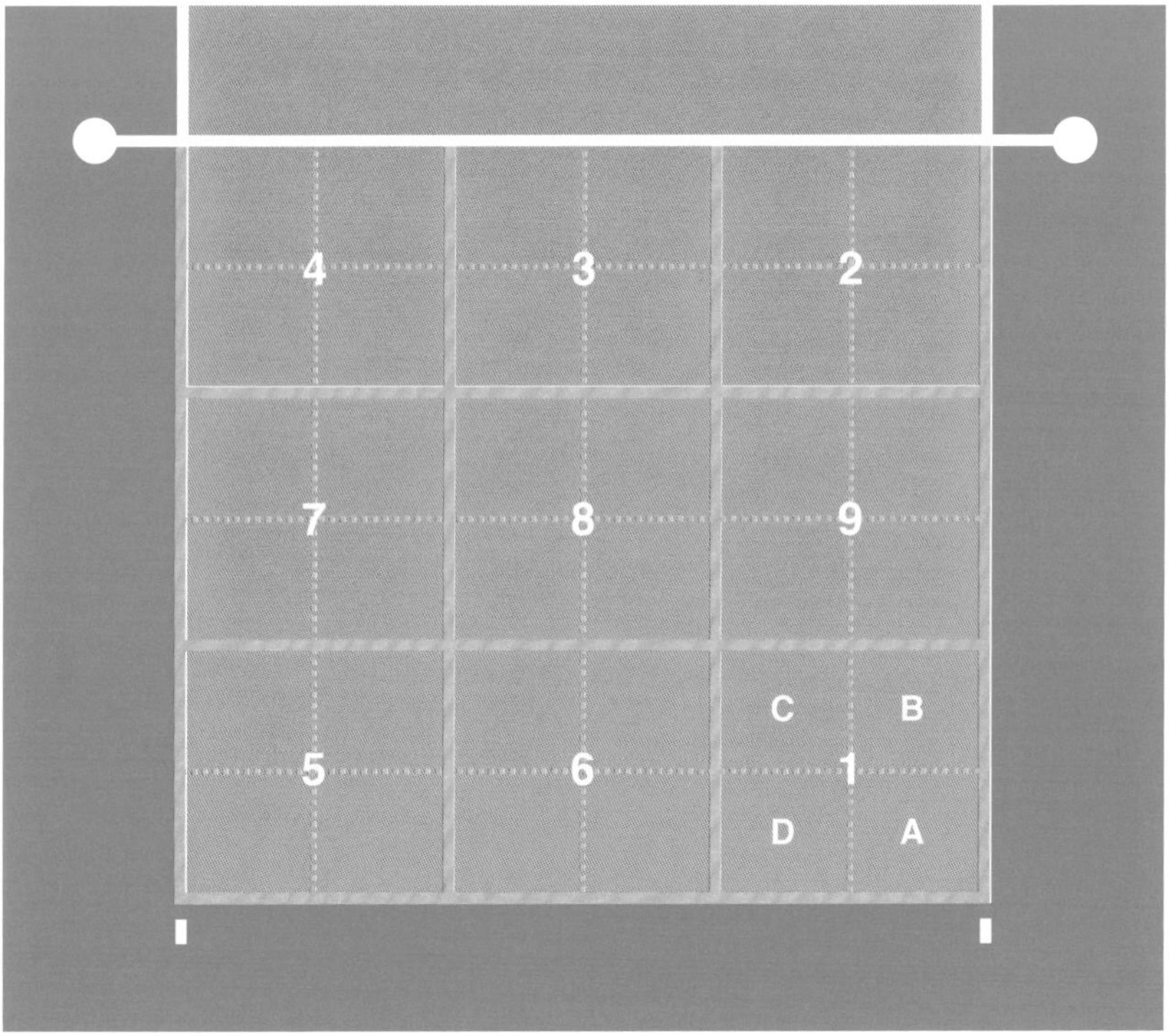

コート9分割からひとつのエリアをさらに「A」「B」「C」「D」として4分割。
合計36分割してサーブの狙いを定めていく

狙った場所に落とすフローターサーブ

サーブの基本の要素が詰まっているのがフローターサーブです。

また、安定した体勢で打ち込めるフローターサーブは、正確にコースを狙えるサーブとも言えます。相手チームの弱点に、狙いを定めて打つことが大切です。

トスは空中にボールを放るのではなく、手からボールを離すときは「置く」イメージでそっと上げます。

そうすることでトスのブレをなくし、正確にインパクトすることができます。

4 手根部にボールを当てインパクト

5 狙った方向へ手のひらとつま先を向ける

ワンポイントで
意識がカワル!

肉厚な手根部《しゅこんぶ》にボールを当て力強くインパクトする

ボールを打つ際は、手のひらの一番肉厚な部分である手根部をボールに当てます。トスの落下のタイミングを見極め、ボールが当たった瞬間にしっかり手首を固めてボールを押し出すように力を伝えるのがポイントです。

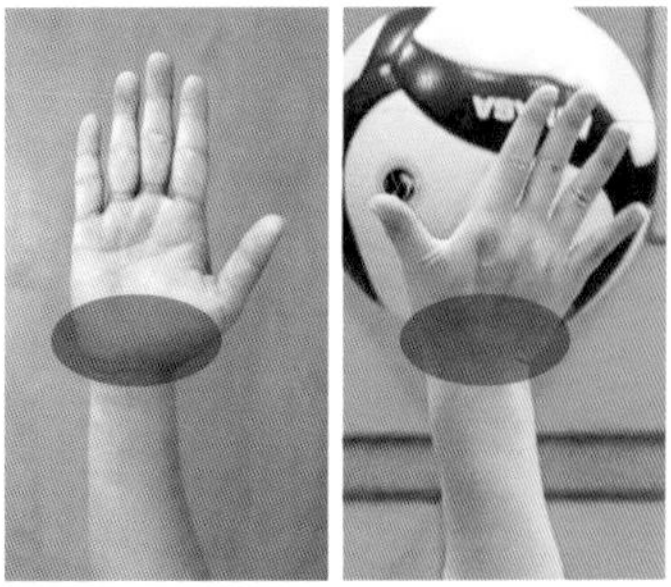

1 ボールを空中に「置く」ようにトスを上げる

2 ボールから目を離さずに腕を引く

3 腕を前方へ出し落下してきたボールをとらえる

Serve
サーブ

第1章

高い打点から正確に狙うジャンプフローターサーブ

助走をして高い打点からコースを正確に狙えるのが、ジャンプフローターサーブ。フローターサーブと大きな違いは助走をしながらトスを上げるため、その分ボールがぶれやすくなります。より安定したトスの技術が必要です。

助走の歩数が多いほどボールに勢いがつき、助走の角度によって変化を加えることができます。

空中において「自分の体勢が崩れない」ことを念頭におき、自分に合った助走の歩数、助走の角度を身につけていきましょう。

4 ボールから目を離さず空中でボールを叩く

5 狙ったコースへ手のひらを向ける

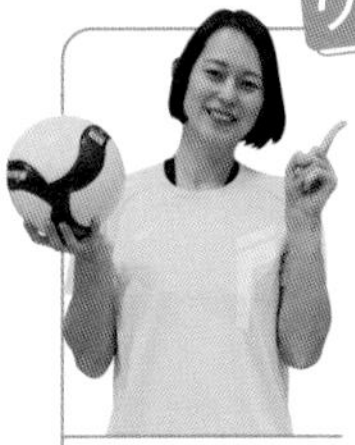

ワンポイントで 意識がカワル!

顔の前にボールを置き 安定したトスを上げる

トスは利き腕の正面、斜め前方へボールを空中に置くように上げます。ぶれにくいトスを上げるには、助走時からボールを顔の前に置いておきましょう。

1 空中に置くように トスを上げる

2 利き腕の正面へボールを 離す

3 踏み切りの足から上半身まで 軸をまっすぐに

Serve
サーブ
第1章

同じフォームでサーブに変化をつける

高い打点から正確にコースを狙えるジャンプフローターサーブは、ピンポイントでより細かくコースを狙っていくことが可能。

　同じ位置からコートの前方や後方、立ち位置（ショートサーブ、ロングサーブ）を変えて打つなど、変化をつけるとより効果的です。

　どこを狙う場合でもボールをとらえるまでフォームは変えずに打つことが重要。ボールのヒットポイントも同じ位置が理想です。ボールが打たれるまでどのコースにくるのか判断できないサーブを身につけましょう。

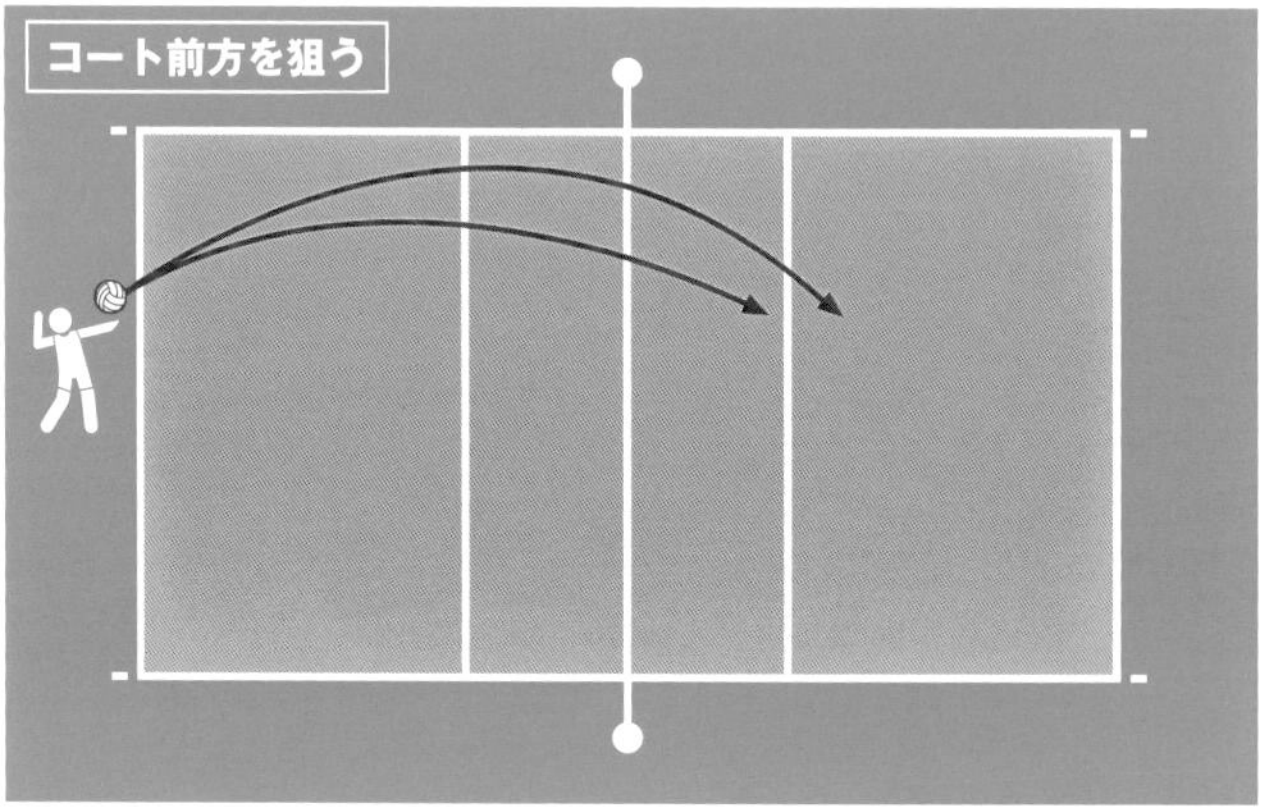

相手アタッカーは前方を狙われるとサーブレシーブ後、助走の準備が遅れる。アタッカーに十分な助走をさせないためにコート前方を狙う

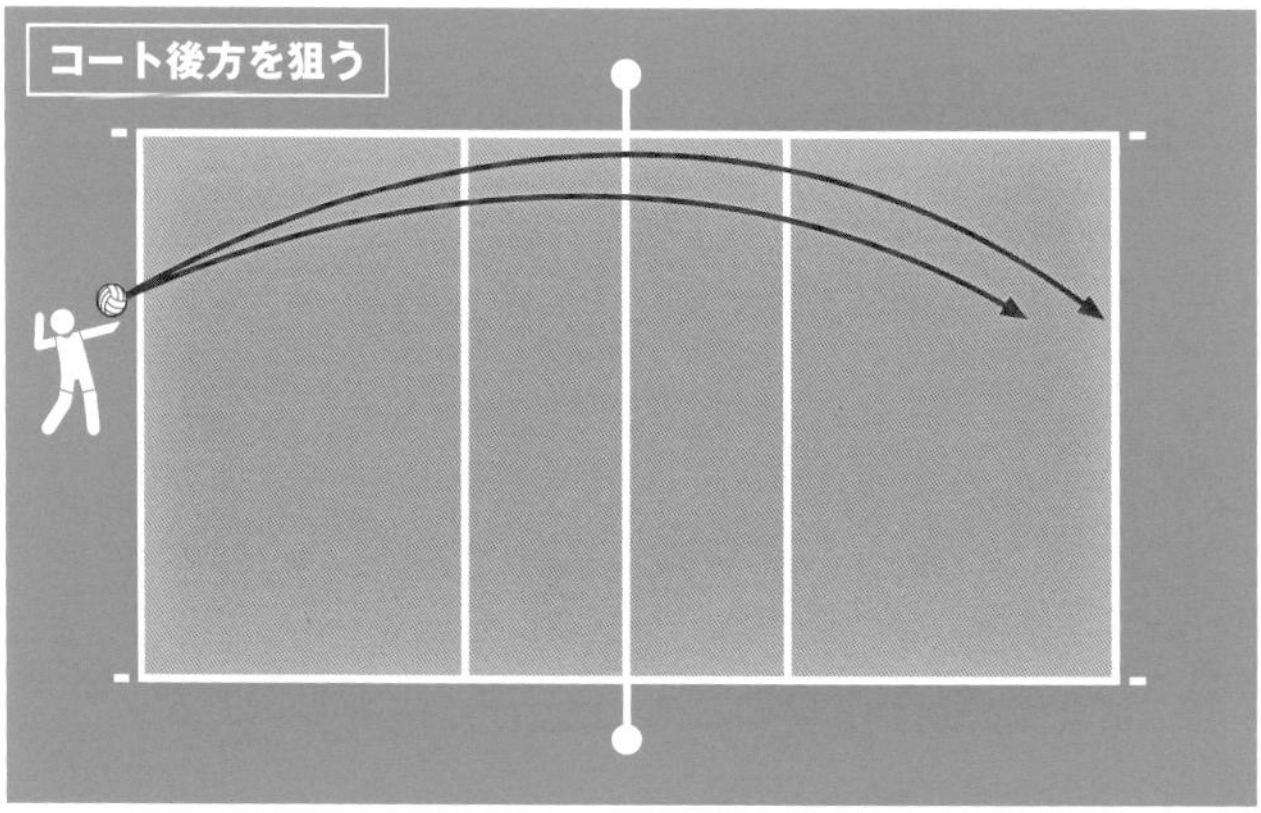

コート後方を狙うことで、アタッカーの上体が起き上がり、アタックの準備を遅らせることができる

ショートサーブ（エンドライン付近から）

スイング体勢に入る

ボールをとらえる場所は
できるだけ同じにする

腕を最後まで振り切らない

ロングサーブ（エンドラインから離れた位置から）

スイング体勢に入る

ボールをとらえる場所は
できるだけ同じにする

腕を最後まで振り切る

Serve
サーブ

第1章

大きなダメージを与えるジャンプサーブ（スパイクサーブ）

ジャンプサーブは、コースの正確性よりも高い打点からスパイクのように力強く打ち込むサーブ。相手のレシーバーをはじき飛ばすくらいの気持ちで打ちましょう。

相手チームの攻撃に対し、数的優位に立つためには、いかに大きなダメージを与えられるかが重要。チームにいいリズムを引き寄せるためにも、ジャンプサーブを得意とする「ビッグサーバー」は多少のリスクを負ってでも、破壊力のあるサーブを打ち込んでいく意識を持ちましょう。

5 自分の前方でボールを確認しスイング

6 ボールに体重が乗る位置でインパクト

7 狙ったコースへ腕を振り切る

ワンポイントで 意識がカワル!

手首のスナップでボールに前回転をかける

高い打点から角度のついたジャンプサーブを打つには、回転（ドライブ）をかけるのがポイント。トスしたボールにも回転をつけると、よりインパクト時に回転がかけやすくなります。手首のスナップをきかせてボールを回転させましょう。

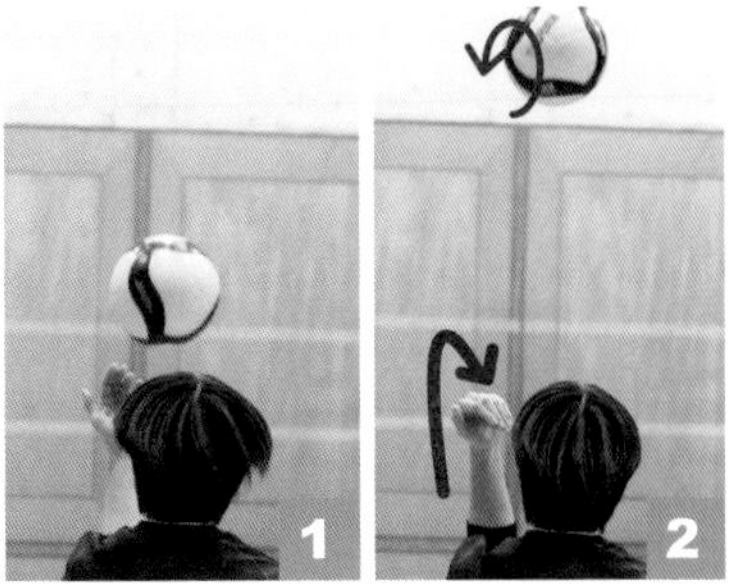

1 高めのトスを正面に上げる

2 ボールから目を離さず助走を開始

3 ボールの落下に合せて腕を前方へ

4 ジャンプして空中で肩を引く

パワーとコントロール性が高いハイブリッドサーブ

ジャンプフローターサーブとジャンプサーブをかけ合わせたサーブを、ハイブリッドサーブと呼びます。パワーを備え、なおかつコントロールがきく、両方のいいところをかけ合せた進化型のサーブです。

ジャンプフローターサーブは助走の長さや角度に変化を与えますが、ハイブリッドサーブは片手または両手で正面にトスを上げます。その反動で腕を振り上げ肩を引き、落下してきたボールにタイミングを合わせます。

4 ボールから目を離さず タイミングを合せる

5 ボールを力強く インパクト

6 体重をしっかり乗せて打つ

ワンポイントで
意識がカワル!

ボール に体重が乗らないと
サーブの威力も半減

他のサーブ同様、トスが重要です。トスが前後にぶれてしまうとボールに体重が乗らず、威力が半減してしまいます。片手または両手で常に一定したトスを上げ、スムーズにスイングに入っていけるように心がけましょう。

1 片手または両手で
トスを上げる

2 腕を前方へ持ってきて
ジャンプの準備

3 そのままスイング体勢に入る

試合で活かせる
練習法 Lesson 1

Serve
サーブ
第1章

サーブ練習は試合をイメージする

いろいろな位置からあらゆる場所へ打つ

サーブの目的は、得点を狙ったり自分たちのディフェンスにおいて優位な状況を生み出すこと。そんな効果的なサーブを打つには、相手チームが予測できない、判断しにくいサーブを積極的に仕掛けていくことが重要です。

そのひとつの要素として有効なのが、サーブの立ち位置を変えること。エンドライン９ｍの横幅と競技エリアのフリーゾーンの縦幅を利用し、いろいろな立ち位置からサーブの練習をしましょう。どの位置から打つとどのような変化が起きるのかを見極め、相手チームの弱点に合わせて打ち分けていくことをおすすめします。

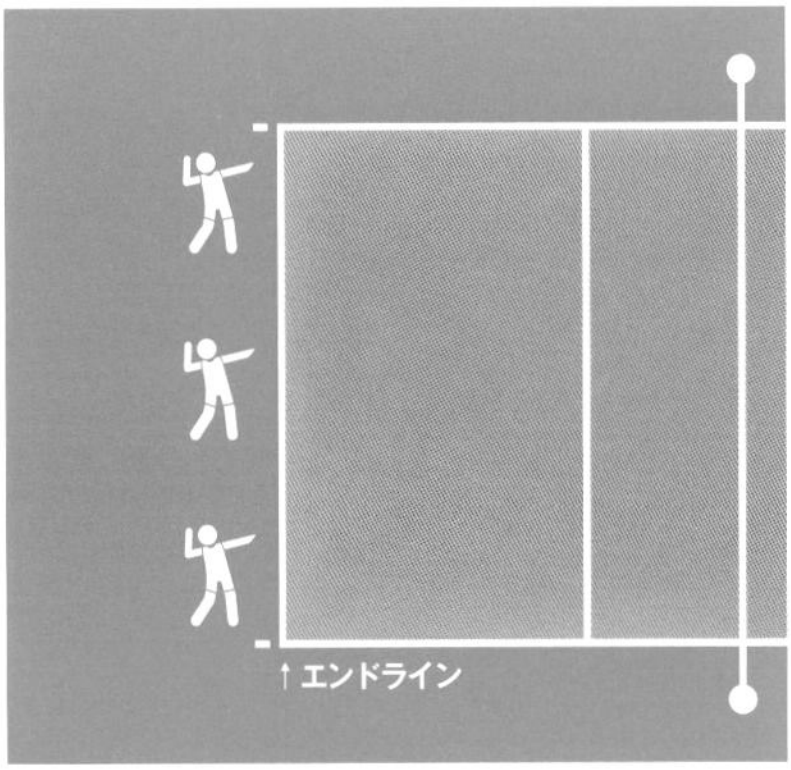

エンドラインの横幅を使う

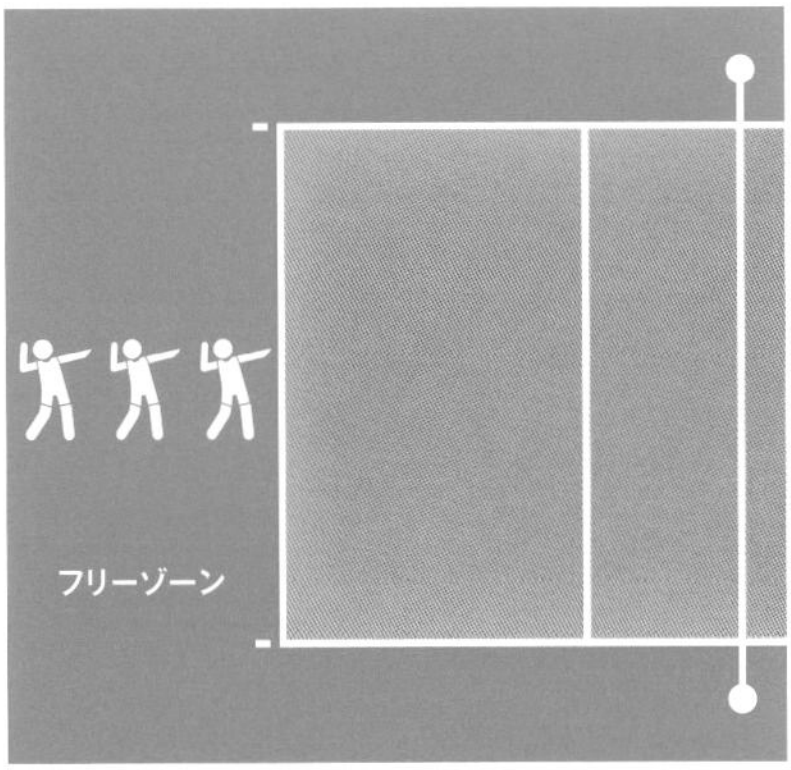

フリーゾーンの縦幅を使う

試合で活かせる練習法 Lesson 2

1本1本打つたびに試合をイメージする

サーブ練習は、常に試合の場面を想定して行うことが大切。例えば、激しいラリー後の息が上がった状態、接戦で1点を争っている状況など、平常心で打ち込めるように練習しましょう。

サーブを打つまでの時間は、自分だけの時間です。心拍数を上げた後、呼吸を整えたり、審判の吹笛をイメージしたり、一定のルーティンを作るとよいでしょう。打つ前にボールを床につく、エンドラインから歩数を数えて打つ位置に移動するなどベストなサーブを打つための自分なりの習慣を身につけましょう。

両手でボールをはずませる

ボールを床に打ちつける

エンドラインからスタート

歩数を数えながら進む

打つ位置へ移動

Column 1

フローターとハイブリッド。言葉の意味を理解しよう

上方で打つサーブを主にフローターサーブと呼びますが、「フロート」には「浮く」という意味があります。本来はアンダーサーブでもサイドハンドサーブでも、無回転で浮くサーブはすべてフローターサーブと言えます。

本書にあるハイブリッドサーブの解説では、「違うもの同士の組み合わせ」という意味のもと、進化形のジャンプサーブを紹介しました。実はハイブリッドサーブには、もうひとつ意味があります。同じフォームから回転をかけたサーブと無回転のサーブ、両方を打ち分けるサーブのこともハイブリッドサーブと呼んでいます。

プレーにおける言葉の意味を理解したうえで、プレーしてみましょう。

言葉の意味をイメージしてプレーしてみよう!!

Block

ブロック

第2章

Block
ブロック
第2章

レシーバーと連携してプレッシャーを与える

ブロックは、相手のアタッカーの攻撃を止めることだけが役割ではありません。実はトッププレーヤーでもブロックポイントは、1セットに1本できるか否かという確率なのです。

ブロックは、キルブロック（シャットアウト）の他にレシーバーと連携して相手の攻撃コースを限定させたり、ワンタッチボールをとりにいくことが主な役割。

相手アタッカーに気持ちよくアタックを打たせない、それがアタッカーにプレッシャーを与えることにつながります。

現代のブロックのスタンダードは、セッターがボールを送り出した瞬間にボールの方向を判断し移動を開始する

効果を生む チェックポイント

- 2枚以上つく意識でブロックに跳ぶ
- レシーバーを常に意識してブロックの守備範囲を明確にする
- 着地時のケガに注意

遅れた状態でも必ずブロックに跳びにいく。その際、レシーバーにどこを抑えにいっているか、手のカタチがしっかり見えるように心がけることが大切

リードブロック。ボールの動きに合わせて移動するため、ときには遅れることもあるでしょう。

どんな場面でも前衛のプレーヤーは、2枚以上跳ぶことを意識することが大切です。

自分がどの位置で跳ぶのか、どの方向に手を出すのか、レシーバーに意思表示し守備範囲を明確にすることで、トータルディフェンスが成功します。

一方で、跳ぶ位置や抑えるコースが確定してから、空中で急に逆のコースを守るのは避けましょう。レシーバーを混乱させ、少しずつ守備範囲にズレが生じてしまいます。

また、前述したように必ずブロックに跳びにいくのは必須ですが、空中で身体が流れて着地時にケガのないように注意しましょう。

Block
ブロック
第2章

ブロックは後ろのレシーバーを意識してジャンプ

相手チームの攻撃のコースを狭めていく最大の防御が、ブロック。コート後方にいるレシーバーが守備範囲を絞れるように、ネット際ですばやく位置取りをしてジャンプすることがブロッカーの役割です。

ブロッカーは常に後ろのレシーバーを意識し、「どの場所に手を出しているか」を真っ先に認識できるように、身体の軸をぶらさないようにジャンプします。

打たれる瞬間にタイミングを合わせて手を出しましょう。

リラックスした構えで
相手の攻撃位置を確認

腰を落としてジャンプの準備

ワンポイントで

意識がカワル!

手の出し方は状況に合わせて選択する

手の出し方は状況によって選択しましょう。相手コートにボールを落としにいくときは両手をネット白帯よりも前方へ。ワンタッチを狙うときは白帯の上方に手のひらを押し出していきましょう。

相手コートにボールを落としにいくフォーム

ワンタッチを狙いにいくフォーム

両手を上げながら真上へジャンプ

身体の軸がぶれないようにまっすぐ跳ぶ

手の位置を明確にしてブロックしにいく

高さが出て速く移動できるスイングブロック

ブロックの目的は、空中ですばやくカベを作ることです。とくに移動を伴う場合は、いかに速く移動しブロックを完成させられるかがカギを握ります。

そこで推奨したいのが、スイングブロック。横へ移動する際、クロスステップで移動しスパイクのように腕を後ろに引きジャンプします。

助走し上体を持ち上げてブロック体勢に入ることでより高さが出ます。横移動の勢いを利用しながら、身体が流れないように注意してまっすぐ上にジャンプしましょう。

セットの方向へつま先を向けて
サイドステップ

ネット側の足を大きくクロスさせ
その瞬間にバックスイング

ワンポイントで
意識がカワル!

ブロックの完成時は ネットに正対しよう

身体が流れないようにするには、下半身を固めた後にすばやく身体をネットに正対させること。上体を起こして、視線は上目遣いでボールやアタッカーの動きから目を離さないようにしましょう。

身体の軸をぶらさないように
上へジャンプ

体幹を安定させてジャンプ体勢へ

腕を後ろから引き上げる際、
腰を落として力をためる

動きを合わせたスイングブロック

ブロックは反応が遅れてしまった場合でも、2枚以上跳ぶことを心がけましょう。2人そろって移動するときは、スイングブロックで動きを合わせて跳びにいきます。

踏み込むときは移動方向と反対側の足をクロスさせて同時に腕をバックスイングさせます。

腰を落として力をため、身体を正面に向けてネットと正対します。

隣のブロッカーと声をかけ合いながら両手をネット上に出しましょう。

移動方向と反対の足をクロスさせ踏み込む

腰を落としながら腕を前方へ振り上げる

ワンポイントで

意識がカワル!

へそから動く意識で横へ移動しよう

スイングブロックのダイナミックな動きをより安定させるには、身体の軸を支える体幹の力が重要。横へ移動するときには、へそから動く意識でステップを踏んでいくのがポイントです。

身体をネットに正対させる

声をかけ合いながらネット際にカベを作る

スムーズなブロックにつながる目の動かし方

効果的なブロックを行うには、カタチを作るまでの準備が大切。どこにパスやセットが上がるか、どんな攻撃を仕掛けてくるかをすばやく判断することがディフェンスの成功につながります。

　ボールの流れを目で追う際は、「パスが出される瞬間」「セットが繰り出される瞬間」「アタッカーの動き」を確認するように目を動かしていくのがコツ。ボールの動きだけをずっと目で追いかけると頭部が揺れ動き、その分時間を要することになります。よりスムーズにブロック体勢を作るためにも、要所要所の瞬間をすばやく判断できる動体視力を身につけましょう。

レシーバーがパスを出す方向を確認

セッターがセットを繰り出す方向を確認

ワンポイントで 意識がカワル！

あごが上がった状態だと スムーズな移動ができない

ボールの動きをずっと追っていると、どうしてもあごが上がってしまいがち。また視界から余計な情報も入ってくるため、判断にとまどうことも。ボールを追う際は要所で目線を切る習性をつけましょう。

スパイカーの助走の方向を確認

スパイカーの状態を見ながらブロックの準備

攻撃のボールに対して片手ずつ動かしていく

ブロックは両手で行うことから、ボールを両手で抑えにいくと思いがちですが、ボールに対して両手一緒ではなく片手ずつ動かして合わせていきましょう。

両手で合わせにいくと連動させる作業が発生し、ボールをとらえる範囲が狭くなってしまうためです。

はじめは手だけに意識を集中できるようにジャンプをしない状態でのブロック練習がおすすめです。片手ずつ動かす意識を身につけましょう。

ジャンプするときにスパイカーの状態を確認

手を出す位置を確定させてブロックの準備

ワンポイントで
意識がカワル！

ボールの出どころを見極めてコースを判断

相手アタッカーの手のひら、つまりボールの出どころをしっかり見極めれば、ボールの軌道、コースを判断することができます。そのためには身体の軸をぶらさずに空中で視界を確保することが大切です。

スパイクの軌道に片手を合わせるように塞ぐ

腕の力が抜けないようにボールにタッチする

ボールがセッターの手元を離れたら移動をスタート

ブロックはセットがどこに上がるか見極めて移動するリードブロックがスタンダード。リードブロックの基本を身につける初歩的な練習から行っていきましょう。

　ネットを挟んでセッターとブロッカーが1対1で向き合います。レシーバーからボールをセッターへ入れてもらい、ブロッカーはセッターがセットアップしたら反応します。

　セッターからボールが離れる前にブロッカーが重心を傾けたり、実際に移動してしまったりするブロックを「ゲスブロック」といいます。

セッターのセットアップ体勢を確認

ボールがセットされた方向へ踏み出す

試合で活かせる練習法 Lesson 1

セッターの手の中にボールが入った瞬間、逆を突かれて振られてしまう可能性もあるので予測して動くのは禁物。

　セッターの手元をギリギリまで見極めてボールが離れた瞬間、準備に入れる動作を基礎的な練習で身につけましょう。

リードブロック

セッターの手元からボールが離れた瞬間、移動をスタート。ギリギリまで見極めるのがポイント

ネット際でパスの方向を判断する

ブロッカーはセッターの手元から目を離さない

Column 2

ちょっとした意識でプレーは変わる

現役時代、ちょっと意識を変えれば、プレーは変わる。そう思った出来事がありました。スパイクが全く決まらない、ボールに体重が乗らない。スランプに陥ったのです。そんなとき、コーチからレフトからのスパイクは「左目でボールを見て打とう」というアドバイスをもらい、実践してみました。

　すると、左目でボールを見てスパイクを打つと、相手コートが見渡せるようになりました。スランプ時は身体の軸がぶれて上半身の力だけで打っていたようです。左目でボールを見ると身体の軸がまっすぐになり、とくにストレートコースへ打つポイントが見えるようになりました。これを機にスランプから脱出できたのです。ライトから打つ場合は、右目でボールを見ると身体の軸がぶれずに視野を保つことができます。

身体の軸がぶれるとスパイクの打点が下がるので注意しよう!!

Dig & Serve Receive

ディグ＆サーブレシーブ

第3章

Dig

ディグ

第3章

攻撃の起点となるディグ ゆとりのあるパスが理想

ディグおよびサーブレシーブ（パスとも言う）は、相手コートからきたボールをレシーブする守備のプレーのこと。レシーブしたボールがセッター、アタッカーへつながることを踏まえると、「攻撃の起点」となるプレーと言えるでしょう。

「起点」となるからには、一般的にはディグの善し悪しはセッターを動かさないことが基準として考えられています。セッターが一歩、二歩動く範囲でセッティングできるパスを「Aパス」、アタックライン付近まで移動するパスを「Bパス」、それ以外の範囲にきたパスを「Cパス」と呼んでいます。

「Aパス」が理想ですが、セッターに返すのを第一優先にしてパスのスピード

効果を生む

チェックポイント

- ☑ セッターにきっちり返すことを第一優先にしない
- ☑ 周囲が攻撃準備に入れる時間を作る
- ☑ パワー系のサーブや強いスパイクはコートの中央付近でもOK

が速くなったり軌道が低くなったりしないように注意しましょう。

セッターが攻撃の選択肢をより多く持て、アタッカーが攻撃の助走を十分に確保できる、時間にゆとりのあるパスがベスト。できるだけ多くのプレーヤーが攻撃に参加できるパスを目指していきましょう。

とくにパワー系のサーブや強いスパイクは、セッターに無理に返そうとせずコートの中央付近にゆとりのあるパスを上げる意識を持ちましょう。

Dig
ディグ
第3章

アタッカーの手元を見てディグの構えに入る

サーブレシーブ以外のレシーブをディグと呼びます。ディグは相手チームが返してきたボールや鋭いスパイク、フェイントに対し、ブロックと連携して守備を行います。

最終的にブロックがどの位置で跳ぶのかを判断し、同時にアタッカーの手首の向き、ボールの方向を確認することがディグ成功の秘訣。ブロックの位置が確定する前やボールがくる前に動いてしまうと、ブロックとの連携が図れないので気をつけましょう。

腰を落とし過ぎないようにリラックスした状態で構え、視野を確保しましょう。

必ず止まった状態で構え、視野をアタッカーの手元に絞ることで
無駄な動きを減らす

横から見た姿勢

背筋を伸ばした状態で視野を確保する
両手は視野に入る位置で構える

正面から見た姿勢

目線は相手アタッカーの手元に向け
リラックスした状態で構える

ワンポイントで
意識がカワル!

視野を確保し
自分に合った姿勢で構える

上半身を前方に倒しすぎたり、背筋をまるめてしまうと視野を確保できなくなるので注意。自分が動きやすい姿勢を見つけましょう。

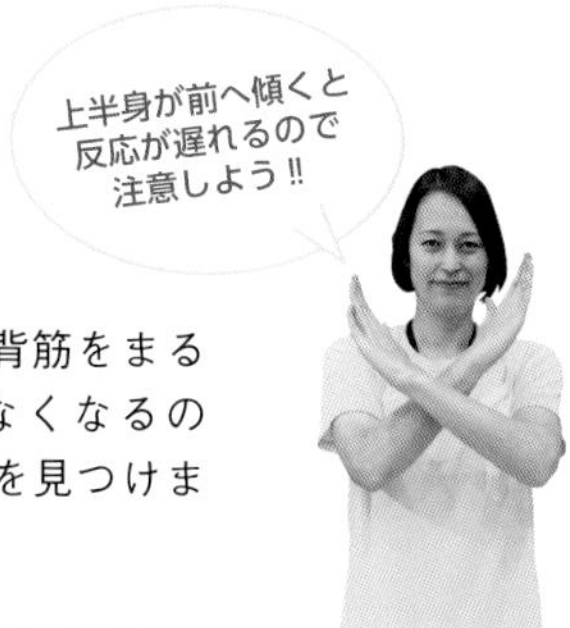

ボールを腕に乗せる意識でとらえる

鋭いスパイクボールをとらえるときは、腕の面でボールの勢いをしっかり吸収します。

このとき、ボールに対して腕を当てにいき腕を振ってしまうと、ボールをはじいてしまいます。腕の面にボールをできるだけ長く乗せる意識でとらえるのがコツです。

強い打球に対しては、腕だけでボールをとらえようとすると打球の強さに負けてはじいてしまいます。できるだけ身体よりも前でボールをとらえ、身体全体を使って当たり負けしないようにしましょう。

1 落下地点に入って準備

2 ボールの落下に合わせて腰を落として待つ

ワンポイントで意識がカワル!

コート中央付近に上げる意識でもOK

強いスパイクはコントロールが難しいため、無理にセッターへ返そうとしなくても問題ありません。コート中央付近にボールを上げる意識でディグに入りましょう。

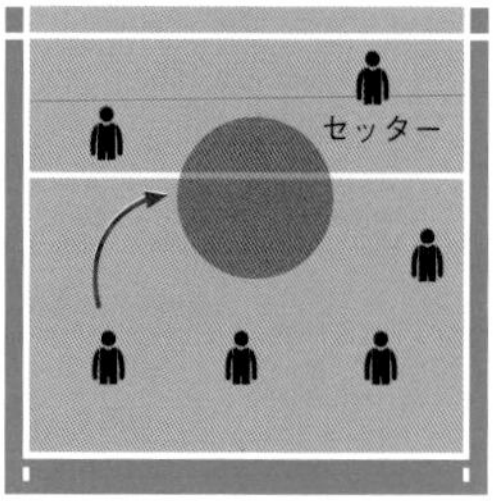

3 ボールの勢いを吸収するようにとらえる

4 セッターに無理に返さなくてもOK

肩より上にきたボールはオーバーハンドディグを使う

スパイクボールが、コート後方にきたときや肩よりも上方にきたボールに対しては、オーバーハンドディグを用います。

ひじを軽く曲げ、手のひらを正面に向けて手首を固定させた状態で構えます。

ボールの動きから目を離さずに、ボールに手根部を合せていきます。

このときも手のひらをボールに当てにいくのではなく、ボールの勢いを吸収するイメージです。手首を固定して動かさないように意識しましょう。

1 両手を胸のあたりに置いて構える

2 両手首をそろえてボールに合わせにいく

ワンポイントで 意識がカワル!

肩よりも上にきたボールを前方でとらえる

オーバーハンドディグは肩よりも上にきたボールを前方でとらえます。強いボールに対しては両手をそろえて対応。両手首が離れずに身体の前へ腕を出せる位置でボールをとらえるのがベストです。

5 姿勢を維持したまま、手は動かさない

4 ボールの衝撃を吸収するように手根部に当てる

3 落下地点に入り、手首を固定させる

手の甲を滑り込ませてボールを上げる(パンケーキ)

1 ボールの落下地点を判断しながら移動を開始

2 ひじから順に床に着地し腰を落としていく

ワンポイントで
意識がカワル!

高い位置から床面に着地しない

高い位置から身体を床に着地させると、腰に大きな負荷をかけケガにつながります。腰を反らせないように注意して低い位置から床面に身体をつけていくのがポイント。

フェイントやブロックのこぼれ球など前方へのディグは、片方の手の甲をボールの下に滑りこませてその勢いでボールを上げる「パンケーキ」も選択肢に入れるとよいでしょう。

移動しながらボールの落下地点に目星をつけ少しずつ低い姿勢をとり、ディグ体勢に入ります。

ボールの下部を見ながら、ひじ、胸、へそという順に床へ着地し、徐々に身体を滑らせていきましょう。

3 ひじ、胸を少しずつ床に滑り込ませていく

4 ボールから目を離さずに勢いよく滑りこむ

5 ボールの下に手の甲を滑り込ませてボールを上げる

サーブレシーブ後は多くのアタッカーが攻撃に入る

相手のブロックより数的優位な状況を作るため、後衛のアタッカーも含めてより多くのアタッカーが攻撃に入ることが大切です。

相手のサーバーは、攻撃の枚数を減らすため、万全の状態で攻撃をさせないようなサーブを仕掛けてきます。

アウトサイドヒッター、ミドルブロッカー関係なく、どのポジションの選手がサーブレシーブをしても、すぐに攻撃体勢に入れるよう練習に取り組んでいきましょう。

ワンポイントで
意識がカワル!

チーム全員がセットを上げられる体勢を作る

強いサーブや厳しいサーブはセッターに返せなかったとしても、結果的によいカタチで攻撃できればOK。セッターだけではなく、全員がいつでもセットに入れるように日々練習に取り組み、心がけておくことが重要です。

サーブレシーブがセッターに返らないことも想定しておく。
カバーに入れる準備もしておく

コート中央からの速い攻撃を封じたいため、ミドルブロッカーが狙われることも。
ミドルブロッカーはサーブレシーブした後も助走に入れる準備をする

パワーサーブはコート中央付近の返球でもよい

昨今の女子バレーは、スピードもあり威力のあるサーブを打つ選手が増えてきました。サーブに押し負けない安定したフォーム作りが、サーブレシーブのカギを握ります。

パワーサーブに対してのサーブレシーブは、コントロールが難しくなるため、無理にセッターへ返そうとしなくても問題ありません。周囲がカバーに入りやすく、次のプレーにつながりやすい優しいボールをコート中央付近へ上げる意識で対応しましょう。

1 股関節と足首を曲げる意識で構える

2 ボールの高さに合わせて腰を落とす

ワンポイントで

意識がカワル!

スムーズに移動できる体勢で待つ

構えるときに姿勢が低過ぎてしまうとひざに負荷がかかり、ケガにつながるので注意しましょう。股関節と足首を曲げる意識をもつことでひざへの負荷を減らします。自分が動きやすくケガをしにくいフォームを身につけることが大切です。

3 ボールから目を離さないように腕の面を出す

4 下半身を安定させてボールの落下地点に入る

5 パワーサーブはコート中央付近に上げてもOK

変化するサーブにはオーバーハンドで対応

ボールが変化するフローター系のサーブは、オーバーハンドでサーブレシーブを行うと変化に対応しやすいでしょう。

オーバーハンドディグ同様、ひじを肩の高さ付近まで上げて固定させます。

手のひらをボールの軌道に合わせるようにして両手でしっかりボールをとらえます。

スパイクに対応するオーバーハンドディグと違い、フローターサーブは緩やかに落下してくるので、ボールをとらえた瞬間、指先ではじくように上げましょう。

1 両手を胸の前あたりで構える

2 顔の前で手のひらを開きボールの正面へ

ワンポイントで 意識がカワル!

両手でボールの軌道をふさごう

ボールをとらえる高さは、おでこのあたりが基準。サーブがネットを越えるときに落下地点を判断して構えます。両手でボールの軌道をふさぐ意識で合わせていきましょう。

5 指先ではじくように
ボールを上げる

4 指に力を入れて
ボールをとらえる準備

3 重心を意識して
ボールの落下地点に入る

足首の柔軟性を高めて ひざへの負荷を減らす

前方にきたボールは、ひざをしっかり曲げて低い姿勢を維持してとらえます。

その姿勢で前方へ移動するには足首の柔軟性がないとスムーズに動くことができません。

まずは自分の足首の柔軟性をチェック。

両足を揃えてお尻が床につかないようにしゃがみこみます。足首が硬い人は身体を支えられず、お尻が床についてしまいます。

柔軟性を身につけるためにつま先からかかとまで床につけ、静止できるようになりましょう。

柔軟性をチェックし 関節を伸ばしていく

○

×

両足を揃えしゃがみこんだ姿勢を維持できない人は、ポールなどにつかまり正しい姿勢をキープしてみましょう。このとき、足首まわりの関節を意識しながら姿勢を作るのがポイントです。

足首が硬い人は正座も困難。正座の姿勢も、足首の柔軟性を高めるトレーニングにつながります。

足首をしっかり伸ばし、お尻を乗せた状態で静止しましょう。

ペッパーでディグの基本技術を身につける

ディグの基本を身につける練習でおすすめなのは、ペッパーです。

1人がスパイクをし、1人がレシーブして対人で行います。シンプルですが少人数ででき、ボールコントロールを磨くことができる練習です。

1対1で向き合い、交互にスパイク、ディグを行ったり、どちらかが連続でスパイクしてディグを行います。

単調になってしまいがちな練習ですが、ボールを連続してつなげること、強弱に対して目と意識を慣らすことなどを目的とし、工夫しながら取り組みましょう。

試合で活かせる
練習法
Lesson 2

ボールの下を見ながら
腰を落としてボールの正面に入る

2人が向き合い、1人がディグ、もう1人はスパイクを打つ。
それぞれ役割を決めて行う

ディグを行う選手はボールの下を見るようにして
腰を落としていく

ボールの勢いを吸収するように優しいボールを
パートナーに上げるイメージで行う

落下地点でボールが落ちてくるのを待つ

強いサーブや変化するサーブに対しての練習は、離れた距離から緩やかなサーブを打ってもらい、基本のフォームを身につけましょう。

ここでポイントになるのは、リラックスした構えからボールの落下地点を見極めてすばやく移動し、ボールが落ちてくるのを待つことです。

最後までボールから目を離さずサーブの軌道に対し、後ろ足を引いて腰を落としましょう。

サーブの軌道に合わせて移動開始

ボールの落下地点に後ろ足を合わせる

ワンポイントで
意識がカワル!

次の動作を考えて左右に重心をかける

サーブレシーブ時、左右どちらかに重心をかけてボールをとらえると次の動作へ移りやすくなります。とくにアタッカーは次の動作のことを念頭に入れておきましょう。

試合で活かせる
練習法 Lesson 3

後ろ足を引いてボールを呼び込む

ボールから目を離さずに
落ちてくるのを待つ

位置が決まったら腰を落とし始める

サーブの威力によってボールの運び方を判断

サーブレシーブはどのサーブに対しても基本のフォームは変わりませんが、ボールのスピードに対しては重心移動を調整してボールを運びましょう。

パワーサーブは、ボールをとらえた後はボールの勢いを殺すため、重心は動かしません。

威力のないサーブに対しては、下半身の重心移動を行いながらボールを腕に乗せるイメージで腕の面を動かします。

練習時には、様々なサーブの威力をそれぞれ打ち分けて、その都度対応できるように取り組みましょう。

腰を落としてボールを呼び込む

腕の面を止めてボールの勢いを殺す

試合で活かせる練習法 Lesson 4

サーブのスピードによって重心移動を行う

ワンポイントで意識がカワル!

ボールを運ぶ方向へつま先を向ける

安定した状態でボールをとらえるには、ボールを運ぶ方向につま先を向けましょう。股関節をうまく使いながら腰を落としボールの落下点に入りましょう。

腰を落としてボールを呼び込む準備

背筋を伸ばした状態でボールをとらえる

下半身の重心移動でボールを運ぶ

Column 3

2個のボールを使って周辺視野を広げよう

バレーボールはコート上でボールをつなぐ競技であるため、視野を広く持つ能力が求められます。練習では、周辺視野を養えるメニューを取り入れるとよいでしょう。私がおすすめしたいのは、大人数でウォームアップとしても活用できる「2個のボールを使った円陣パス」の練習です。

　円陣を作って2個のボールを使ってパスをまわします。オーバーハンドでもアンダーハンドでも、どちらでもOK。いつどこからパスがくるかをすばやく判断して、チームメイトがとりやすいパスを出しましょう。

　また、メーカーが異なるボールを用いて「○○メーカーはオーバー」、「○○メーカーはアンダー」と条件つきで行うと、さらに判断力に磨きがかかります。ぜひ、遊び感覚でやってみてください。慣れてきたら、ネットを挟み2個のボールを使って1回で相手コートに返すゲームをやってみましょう。

円陣の人数を少しずつ減らしてレベルアップを図ろう!!

ボールメーカー別にパスの種類を分ける円陣パス

Set

セット

第4章

アタッカーが万全の状態で打てるセットを供給

アタッカーへ供給するパスをセットと言います。セッターの役割は、アタッカーが打ちやすく、能力を最大限に引き出せるようなセットを上げることです。アタッカーが全力で助走し攻撃の準備に入り、最高到達点でヒットできるセットがベスト。

アタッカーがセットに合わせてしまうと助走の勢いが減速するため、セッターはアタッカーの助走、踏み切りのタイミングに合わせてセットすることがポイントです。アタッカーが空中で選択肢を持てるセットを心がけましょう。

攻撃を仕掛ける際、数的優位の状況を作るには、アタッカーができるだけ多くのスロットから同時に攻撃を仕掛ける必要があります。

効果を生む チェックポイント

- ☑ アタッカーの能力を最大限に引き出す
- ☑ ヒットポイントを多く持てる軌道を作る
- ☑ アタッカーが最高到達点で打てるセットを供給

セッターは相手ブロッカーの状況を見ながらどのアタッカーにセットを供給するかを判断。全力で走り込んできたアタッカーが万全の体勢で攻撃を仕掛けられるセットを意識することが大切です。

放物線の軌道で選択肢を持たせる

アタッカーの能力を引き出すセットとは、相手のディフェンスに対してアタッカーが空中でコースを選択できるセットのことです。そのため、セッターは放物線を描くセットを上げていくことが大切です。

ダイレクトでアタッカーの手元へ向かう直線的な軌道のセットでは、アタッカーの選択肢は１つに絞られてしまいます。

またアタッカーとのタイミングが合わないとズレが生じてしまうリスクもあります。

アタッカーに選択肢を持たせる放物線を描くセット

ワンポイントで

意識がカワル!

アタッカーの選択肢を確保する放物線の軌道を作る

ブロックを振ろうとすると速さにこだわり過ぎてしまい、セットの軌道が直線的になりがち。アタッカーの力を信じて放物線の軌道を作り、アタッカーの選択肢を確保しましょう。

アタッカーの選択肢が絞られる直線的な軌道のセット

身体の軸を意識してセットアップ

アタッカーに選択肢を持たすセットを上げるには、手の力だけではなく身体全体で生み出した力をボールに伝えることが大切です。

身体の右側を軸にしてボールの落下地点に入ります。

オデコの延長線上に両手を上げ高い位置でボールをとらえます。

身体の軸を意識して下半身の力を上半身、腕、ボールへと伝えて連動させていきましょう。

ネット際の足を軸にしてボールの落下地点に入る

ひざを曲げ、オデコの延長線上でボールをとらえる

ワンポイントで

意識がカワル!

ボールの丸みに沿ってカタチを作る

手のカタチは丸いボールに沿って、オデコの前で「ハート」を作るようにして構えましょう。ひじが下がらないように意識して、はじくようにボールを送り出しましょう。

下半身の力を上半身と腕に伝え、
ボールを送り出す

手首のバネを使いながら
両ひじを伸ばす

オーバーハンドパスはボールをはじくように上げる

オーバーハンドのハンドリングは、手首やひじを引いて長い時間ボールにふれ、持つような動作は「キャッチボール」の反則になります。ずっとこの動作を続けていると「癖」になり、抜けなくなってしまう可能性があります。

最初はボールが飛ばなくても問題ないので、手首のバネを使ってボールを送り出せるように意識しましょう。指でボールをはじくようにして上げるのがコツです。

ボールを指ではじくハンドリング

指先でボールをとらえる

手首のバネを使ってボールをはじく

ワンポイントで
意識がカワル!

ボールが届く距離から
フォームを習得する

小学生などの試合では、「キャッチボール」の反則が許容されている場合もありますが、成長段階において筋力も備わってきます。まずはボールが届く距離からでよいので、正しいフォームを習得していきましょう。

「キャッチボール」の反則になるハンドリング

指先でボールをとらえる

手首を引くとボールをとらえる時間が長くなってしまう

そのままボールを送り出す

Set
セット
第4章

攻撃ポイントに速く到達するジャンプセット

ジャンプして空中でボールをとらえるジャンプセットは、基本のセットよりも高い位置でセッティングが可能になります。

より速くアタッカーのヒットポイントに到達するセットを上げられる利点があります。

背後へボールをセットするジャンプバックセットは、ジャンプセットフォームと同じ位置でボールをとらえ、へそを前に出すイメージで全身の力を使って後方へ押し出しましょう。

ジャンプセット

1 ジャンプしてボールをとらえる

2 高い位置をキープしてひじを伸ばす

3 やくボールを離し送り出す

ワンポイントで 意識がカワル!

セッターが選択肢を持てるパスを供給

セッターがアタッカーの打ちやすいセットを上げるには、1本目のパスの質が大切。セッターが余裕をもって準備を整える時間を作り、セットの選択肢を持てるようなパスを心がけましょう。

ジャンプバックセット

高い位置でボールをとらえる

身体の軸がぶれないように高い位置をキープ

へそを前に出す意識でボールを後方へ

Set
セット
第4章

ハイセットは全身の力を使ってボールを運ぶ

ハイセットはディグやサーブレシーブが乱れ、ネットから離れた位置から上げるセットのことを言います。チーム全員（リベロはアタックラインより後方）がオーバーハンドで上げられるのが理想。

バック方向にも上げられることから、攻撃の選択肢を増やすことができるからです。

通常のセットよりも深くひざを曲げ、力をためた状態を作り、上げたい方向へ全身を伸ばすようにしてボールをネット際まで運びましょう。

ボールの落下地点を見極め、両手を上げて準備しておく

ネット側の足を軸にしてひざを曲げて力をためる

コートにいる全員が
ハイセットを上げられれば、
厳しいボールはセッターに
返そうとしてなくても大丈夫。
ラクな気持ちで
レシーブに入れるよ!!

3

手首を引かないように注意してボールをとらえる

4

全身を伸ばすようにしてボールを送り出す

試合で活かせる 練習法 Lesson 1

セッターつきのペッパー 同じフォームでセットする

試合を想定しながらペッパーを行う

セットの基本技術は少人数でできるペッパーで習得しましょう。セットをする人は2人の間に立ち、ディグに対してセットアップに入ります。

同じ位置から同じフォームで正面へのセット、バックセット、高い位置から同じフォームでジャンプセット、ジャンプバックセットを上げていきます。手首のバネ、ボールを指ではじく動作を意識して行いましょう。

2人の間に立つ

ディグボールをセットしアタッカーに供給

試合で活かせる練習法 Lesson 2

判断力が身につく ネットを使ったペッパー

セッターはネット際に立つ

ディグボールをセッティング

セット後、反対側のコートへ移動する

「Lesson 1」のレベルアップバージョン。ネットを挟んで対人パスを行います。

セッターはディグに対してセットアップし、ディグした選手が攻撃に入ります。

セッターはセットアップした後、ネット下をくぐってもう一方の選手のディグに対してセットアップの準備に入ります。

ディグや攻撃の状態を見ながら、アタッカーが万全な体勢で攻撃できるようなセットを上げていきましょう。

ボールを指ではじく力を身につける

「キャッチボール」の反則をとられないようハンドリング技術を身につける基礎練習。手首を固定した状態で、壁に向かって立ち、まずは親指と人差し指のみでボールをはじいていきます。できるだけ速くリズムよく行い、手首のバネを使ってボールに力を伝え、壁に当てていきます。次に両手指でボールを壁に当てパスを継続させます。

試合で活かせる練習法 Lesson 3

指と手首の力を連動させてボールに伝える

親指と人差し指を使ってボールを壁に当てる

両手指でボールをとらえて連続でボールを当てる

試合で活かせる練習法 Lesson 4

ロングパスは少しずつ距離を延ばしていく

ロングパスの練習も積極的に取り入れましょう。ボールが届く無理のない範囲で行います。

　少しずつ距離を延ばしていき、最終的にはコートのエンドライン幅と同じ9mの距離に届くロングパスを目指します。

　コート後方からハイセットを上げるイメージで行い、バックパスも練習に取り入れていきましょう。

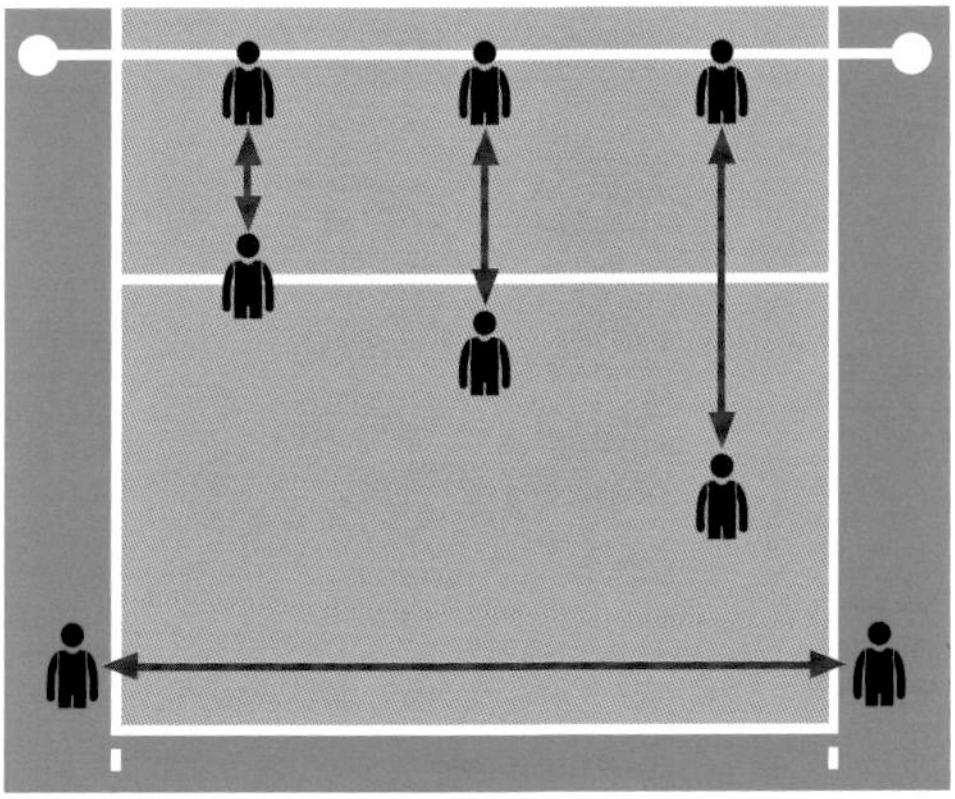

最初は届く距離から段階を踏んで練習を始める。ハイセットをイメージして最終的にはコート幅9mでロングパス練習を行う

少しずつ距離を延ばせばOK
正しいハンドリングを優先しよう

Column 4

オーバーハンドパスおよびセットのハンドリングについて、近年思うことがあります。小学生のカテゴリーでは、ボールを長く持つようなハンドリングが許容されている面もあります。しかし、そのようなハンドリングを続けていると、中学生、高校生になっても、ボールを持ってしまう癖が抜けなくなってしまいます。手首のバネを使ってボールをはじくように上げましょう。

　ボールをとらえてから手首やひじを引いてボールを持つような動作、それは「キャッチボール」の反則です。

　最初はボールの飛距離が出なくてもいいので、正しいハンドリングを意識してオーバーハンドパスおよびセットを行うことが大切。とくにセッターポジションはセットの質が求められますが、まずは自分の届く範囲でOKです。アタッカーにフォローしてもらい、正しいフォームで少しずつセットの距離を延ばしていきましょう。

正しいフォームを意識して少しずつ距離を延ばしていこう!!

Attack

アタック

第5章

Attack

アタック

第5章

シンクロ攻撃で数的優位な状況を作る

攻撃（アタック）は、チームメイトがつないでくれたボールを力強く叩いたり、相手コートの空いている所に落としたりして得点に結びつけていくプレーです。

どんな状況でも決めることが理想ですが、数字に表われない相手のディフェンスを崩すことも大きな役割のひとつ。アタック決定率という数字にとらわれ過ぎないようにしましょう。

たとえ相手チームに攻撃を拾われたとしても、スパイクを強く打ち込んだり厳しいコースを狙うことで、相手チームが万全の体勢で攻撃できなければ、ディフェンスの成功につなげることができます。

その場で得点を決めることができな

効果を生む チェックポイント

- ☑ 決定率などにとらわれ過ぎず、相手のディフェンスを崩すことが攻撃の大きな役割
- ☑ 難しいセットは、「1回で決めなければ……」という意識は捨てる
- ☑ コートの縦と横の幅を使ったシンクロ攻撃を展開する

くても、自チームの得点チャンスを導ければ、攻撃は成功です。難しいセットについては「1回で決めなければ……」という意識は捨ててベストな攻撃を選択していきましょう。

身体への負荷を考えると、アタッカーはケガをしにくいスパイクフォームを身につけていく必要があります。

また、得点力の高いアタッカーに頼る戦術を展開するのではなく、コート9mの縦と横の幅を使って複数のアタッカーが同時に攻撃を仕掛けるシンクロ（同時多発位置差）攻撃を展開していくのが理想です。

アウトサイドヒッター、オポジット、ミドルブロッカーのポジション関係なく、さまざまな攻撃を仕掛けられるように幅広い技術を身につけていくことが大切です。

Attack
アタック

第5章

スパイクの土台となる助走をしっかりとる

力強いスパイクを打つ最大のポイントは助走です。高さと勢いを生み出すためにできる限りコートの後方から助走をスタートします。

徐々に歩幅を大きくして助走に勢いをつけていき、腕を後ろに大きく引きながらジャンプの準備をします。

攻撃時に注意したいのは、パスとセットの高さ。パスとセットが低めの軌道になると、助走をしっかりとる時間がなくなります。その分、ジャンプが低くなってしまうので、十分な助走を確保できるようにチームメイトとコミュニケーションをとっていきましょう。

1 できるだけコートの後方から助走を開始

2 勢いをつけて助走

ワンポイントで
意識がカワル!

できる限りコートの後方から助走に入ろう

ミドルブロッカーも極力助走の距離をとり、全速力で走り込みましょう。アウトサイドヒッター、ミドルブロッカーが同じタイミングで長い助走をとって、攻撃に入るのが理想です。できる限りコートの後方から助走を開始しましょう。

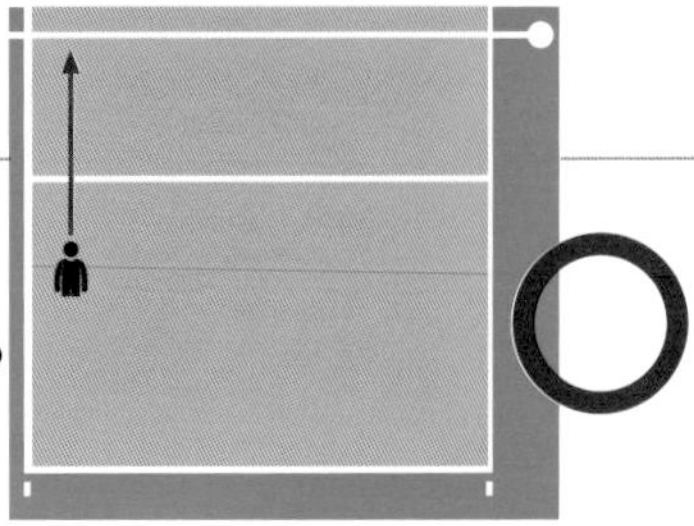

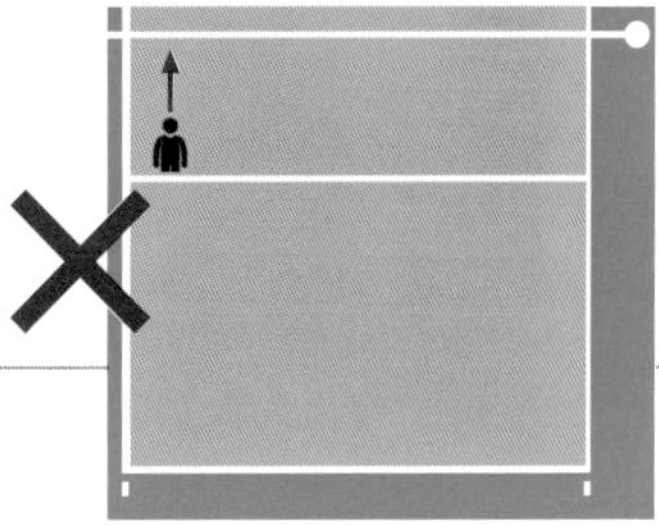

5 腕を前方へ振り上げ、
助走の勢いを上へ伝える

4 下半身で力をため、
腕の力でお尻を持ち上げる

3 踏み込みと同時に両手を
後ろへ大きく引く

Attack
アタック
第5章

腰のひねりを使ってボールに力を伝える

スパイクは身体への負荷が大きいプレー。ケガには十分に気をつけてプレーする必要があります。身体に負荷をかけないスイング方法は、腰のひねりを利用してスイングすることです。このスイングを「ボウ&アロウ・アームスイング」と呼び、腕の力だけではなく体幹を使って腕からボールへと力を伝えていきます。

ひじを上げてまっすぐ腕を振り上げる「ストレート・アームスイング」は、肩や腰に負荷がかかってしまいます。ケガを防止するためにも、力強いボールを叩ける「ボウ&アロウ・アームスイング」を取り入れましょう。

ボウ＆アロウ・アームスイング

肩甲骨を中央に寄せる意識で腕を上げる

手のひらを横または下に向けて
腕を後ろへ引く

腰をひねって力をためる

ストレート・アームスイング

耳の後ろで手のひらを上に向ける

ひじを上げたままインパクトの準備

肩の負荷を軽減するゼロポジションで打つ

ボールを打つときは、肩と腕をつなぐ関節がほぼ一直線の軸となる「ゼロポジション」でインパクトしましょう。

体幹、肩、腕、ボールへとスムーズに力が伝わることで、肩に負担をかけずにスイングすることができます。

スイングを行うときは、腕をムチのようにしならせるために手首の力を抜くことが大切です。力まないように注意しましょう。

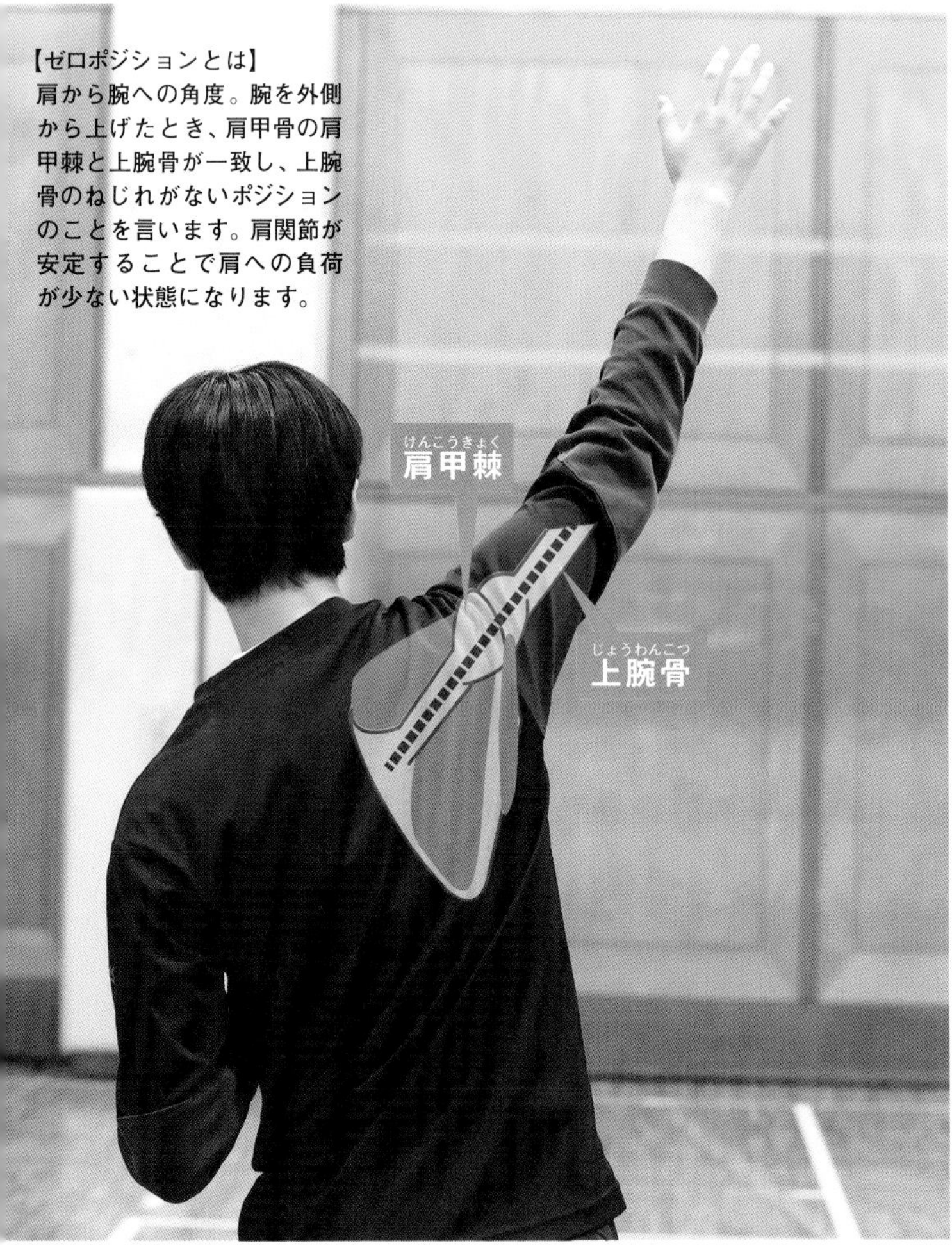

【ゼロポジションとは】
肩から腕への角度。腕を外側から上げたとき、肩甲骨の肩甲棘と上腕骨が一致し、上腕骨のねじれがないポジションのことを言います。肩関節が安定することで肩への負荷が少ない状態になります。

ワンポイントで

意識がカワル!

力が入り過ぎると いいスパイクにつながらない

身体全体に力が入り過ぎて、腕が棒のようになってしまうと、いいスパイクは打てません。スパイクを決めようと思うと力が入ってしまいがちですが、手首の力を抜いて腕をしならせることがポイントです。

ヒットポイントを変えて コースを打ち分ける

基本のスパイクが打てるようになったら、相手コートの状況を見てコースを打ち分けていきましょう。主に「ストレート」「クロス」「インナー」、3つのコースに打ち分ける場合、ヒットポイントを変えていきます。

「ストレート」へ打つ場合は、アンテナ付近までボールがくるのを待ちます。「クロス」は顔の斜め上付近、「インナー」はさらにボール一個分中央寄りでボールをとらえます。

どのコースにも共通しているのは、腕を振り切ること。しっかりフォロースルーを行いましょう。

ライトのコース打ち

ストレート打ちはアンテナ付近でボールをとらえ、クロスは左肩の上方付近でボールをとらえます。インナーはコート中央寄りでボールをとらえます

ワンポイントで

意識がカワル！

ボールの丸みを利用して狙ったコースへ叩く

それぞれのヒットポイントでボールをとらえるときは、手首に力を入れずボールの丸みを利用して叩きます。手首を柔らかく使ってミートをして狙ったコースへスイングしていきましょう。

レフトのコース打ち

ストレート打ちはアンテナ付近でボールをとらえ、クロスは右肩上方付近で打ちます。インナーはコート中央寄りでボールをとらえます

Attack
アタック
第5章

助走の勢いを利用したバックロウアタック

できるだけ多くのアタッカーが攻撃を仕掛けるためにカギを握るのがバックロウアタックです。エンドラインあたりから全速力で助走し、アタックラインを踏まないように踏み切り、ジャンプします。前方へのジャンプを利用してボールに体重を乗せていきます。

　バックロウアタックは、相手のブロックよりも数的優位に立つために必要なプレーです。前衛のアタッカーと同じタイミングで助走を踏み切り、同時に仕掛けていくことが理想です。

1 エンドライン付近から助走を開始

2 助走のスピードを落とさずに大きく踏み込む

3 アタックラインを踏まないように注意

ワンポイントで 意識がカワル!

ブレーキをかけずに 歩幅を広めに前方へジャンプ

バックアタックは助走の勢いを活用するため、歩幅を広めにとり走り幅跳びをイメージして前方にジャンプします。踏み込んだときの前方のつま先の角度を通常のスパイクよりも浅くしてブレーキをかけないのがコツです。

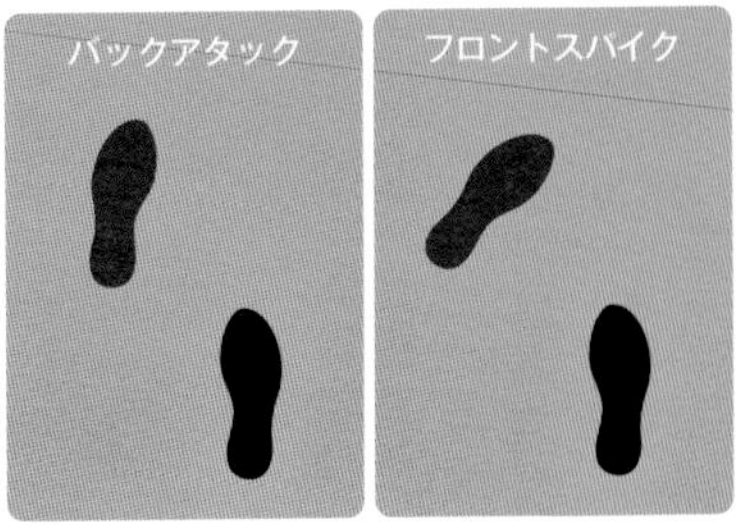

踏み切り時の足の角度

6 身体の軸をまっすぐにして ボールに体重を乗せる

5 前方へ飛びつくイメージで ジャンプ

4 ボールから目を離さないように 腕の力で身体を持ち上げる

Attack
アタック
第5章

助走が合わせやすいハイセットの打ち方

ハイセットはコートの後方などセッターの正位置から離れたところから上げるセットのことを言います。

後ろから上がってきたボールはアゴが上がりやすくボールに体重を乗せづらくなるため、打つのが難しくなります。

助走の際はできるだけコート後方へ下がるようにして、セットを上げる人に正対することが大切。

正対することでセットに対して助走が合わせやすく、どんなセットにも対応しやすくなります。

1 できるかぎり下がって助走に入る

2 セッターに正対して構え助走を開始

セットの軌道を確認しながら助走を合わせる

落下地点を判断しタイミングを見て大きく踏み込む

相手に見破られない効果的なフェイント

相手にフェイントだと見破られないように、スパイクを打つフォームをギリギリまで維持し、コート前方や空いたスペースにボールを落とすプレーをフェイントと言います。

　フェイントは相手の守備体系を崩し、スパイクを決めやすくするための布石にもなります。

　一回の攻撃で必ずしも得点につながらなくてもいいので、ディフェンスとの駆け引きに打ち勝つために積極的に活用していきましょう。

空中でひじを引きスイングの準備

ひじの位置は上げたまま力を抜く

ワンポイントで
意識がカワル!

**狙う場所によって
コントロールする**

ネット際やコート前方を狙う場合は、空中にボールを置くイメージで。コート中央やインナーを狙う場合はボールを押し込むようにボールを突きましょう。

顔の斜め前で構えておく

指先でボールをとらえる

力を抜いて打つオフスピードショット

意図的にスイング時に力を抜いて、手のひらでボールをインパクトし、コート前方にボールを落とす攻撃をオフスピードショットと言います。

フェイント同様、相手チームのディフェンスの不意をつくようにして、ギリギリまで力を抜くのがわからないように力強く踏み込み、ジャンプしスイングするのがポイントです。

インパクト時には力を抜きますが、ボールをインパクトするときはしっかり手のひら全体でボールをとらえましょう。

1 空中でひじを引きスイングの準備

2 ひじの位置をキープしたまま力を抜く

ワンポイントで

意識がカワル!

**ボール感覚を養い
コントロールする**

オフスピードショットはボールコントロールがカギ。普段からボールをさわってボール感覚を養うことが上達につながります。時間があるときはボールをたくさんさわって感覚を養いましょう。

手のひら全体でボールをとらえる

狙った位置へ手のひらを向けボールを落とす

Attack
アタック
第5章

ブロックの位置取りを迷わせるブロード攻撃

相手ブロックの位置取りを迷わせることができる攻撃を「ブロード攻撃」と言います。

コートの横幅を使って相手ブロッカーの動きを遅らせるのが狙いです。

別名「ワンレッグ」と呼ばれる攻撃で、片足で踏み切るのが特徴。空中で身体が流れるようにボールをインパクトするため、ブロッカーの判断を迷わせるという利点があります。

セッターがセットする前に助走を開始

セッティングを見ながら踏み込みの準備

ワンポイントで
意識がカワル!

ブロード攻撃のバリエーション

ブロード攻撃の種類にはスロットで呼ばれる「A1」「B1」「C1」があり、「Cワイド」、「ワイド」、「L」と呼ばれることもあります。

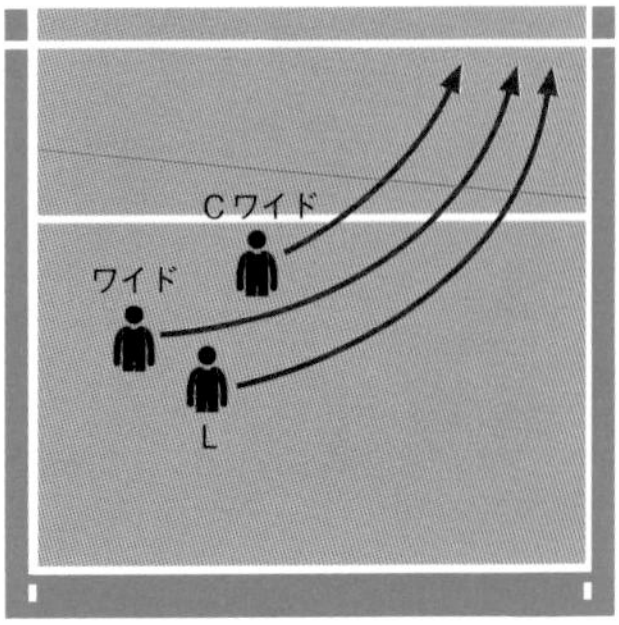

身体の軸をまっすぐにして片足で踏み切る

空中で身体が流れるようにインパクト

ブロックを利用したリバウンド攻撃

ブロッカーにぴたりとつかれたときは、無理にスパイクを打ち込まず、ブロックを利用してチームメイトに拾ってもらいもう一度、攻撃体勢を整えていく選択肢もあります。

アタッカーはブロッカーの手をよく見て、スパイクやフェイントでボールを当てにいきます。

跳ね返ってきたボールに対し、次の攻撃体勢を整えるため、ボールを高く上げてすぐに助走準備に入りましょう。

相手ブロッカーにつかれていると判断

スパイクかフェイントで攻撃を行う

ワンポイントで
意識がカワル!

**ハイセットのときは
必ずフォローに入る**

アタッカー全員が攻撃体勢に入るときは、すぐにフォローに入るのは難しいため、できる範囲で構いません。ハイセットの場面においては必ずフォローに入りましょう。

ブロッカーの手をよく見てボールを当てる

跳ね返ってきたボールに対応する

試合で活かせる練習法 Lesson 1

タオルボールを使ってスイング練習

身体に負荷をかけないフォームを身につける

タオルボール（タオルを結んで丸めたもの）など手でつかめるようなものを投げて練習します。野球のピッチャーや弓を引くフォームをイメージして身体全体を使って腰を回旋させてひじを引き、腕を前方へ振っていきましょう。体幹と腕を大きく動かすことを意識してまっすぐ正面にタオルを投げましょう。

ひじを引くと同時に腰をひねる

腰を戻すと同時に腕を前方へ

まっすぐな姿勢と体幹を意識する

タオルボールを投げる

試合で活かせる練習法 Lesson 2

正しいフォームを身につける

腰をひねってひじを引く

ボールを正面でとらえる

タオルボール投げで身につけた動きを意識して、正しいフォームを身につける練習。ひとつめは壁打ちです。まっすぐ正面の床にボールを打ち付けるようにバウンドさせ、壁から跳ね返ってきたボールに対しスイングしていきます。

ふたつめは正面からセットを上げてもらいます。前方からくるボールに合わせてスイングし、正しいフォームを意識しましょう。慣れてきたら横からボールを出してもらい、実際のスパイクをイメージしていきます。

正面からくるボールに合わせてスイングの準備

ボールを顔の上方でしっかりとらえる

試合で活かせる
練習法 Lesson 3

ブロックをよく見てスパイクを打つ

Attack
アタック
第5章

ブロックを利用する技術を習得する

ブロックをかわしたり、ブロックアウトを取るスパイク技術を身につけるには、ブロックがしっかり見えていないと成立しません。そこで練習では、あえてスパイクをブロックに当てにいきましょう。

アタッカーはブロッカーと対峙するようにスパイクを打ちます。アタッカーはブロッカーの動きをよく見て、ブロックされるようにスパイクを打っていきましょう。

ネットを挟んでアタッカーとブロッカーが対峙する

ブロッカーの位置やジャンプを確認しながらスイング

ブロックに当てるようにスパイクを打つ

Tactics

戦　術

第6章

Tactics
戦術
第6章

準備の時間を生み出し数的優位な状況を作り出す

第1章から第5章までは、各プレーの基本技術の解説をしてきました。この章では、「戦術」について紹介していきます。

攻撃においてはパスとセットの際、セッターとアタッカーが余裕を持って準備する時間を作ることが数的優位な状況を作り出す大きなカギとなります。

守備においては、相手の攻撃の選択肢を減らすために、サーブの力を最大限に利用することが大切。トータルディフェンスを成功させるポイントになります。

バレーボールはボールをさわっていない時間が長い競技です。その間、やるべきことに徹することができるチームは強いチーム。今、自分は何をすべきか常に考え、プレーする習慣を身につけましょう。

効果を生む
チェックポイント

- ☑ 攻撃ではセッターとアタッカーが準備できる時間を作る
- ☑ トータルディフェンスを意識する
- ☑ オフザボールの準備がいいプレーにつながる

Tactics
戦術

第6章

相手の特徴に合わせたブロック戦術

ブロックはすべての攻撃に対して束になって跳べる「バンチリードブロック」が、スタンダード。

その他の選択肢として、両サイドに強力なアタッカーがいるチームには、間を広げて配置する「スプレッド」、また得点力の高いアタッカーが絞られる場合は、そのポジションにブロックを寄せる「デディケート」や「リリース」があります。

相手チームの攻撃の特徴に合わせ、必要に応じて配置を変えていきましょう。

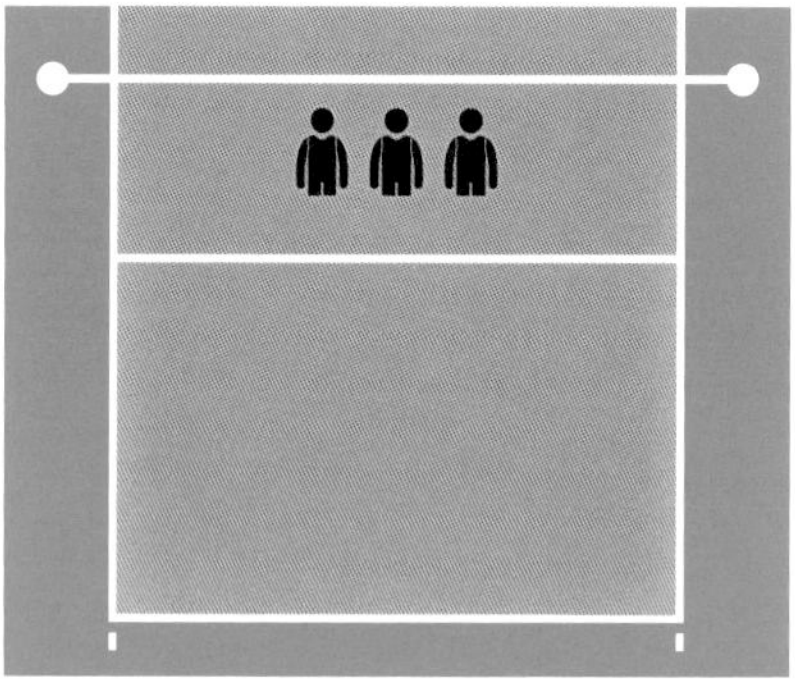

バンチ

コート中央にブロッカーを寄せて配置。3枚が束になって跳べるため、ほぼすべての攻撃に有効。サイド攻撃に対応しにくくなるのがデメリット

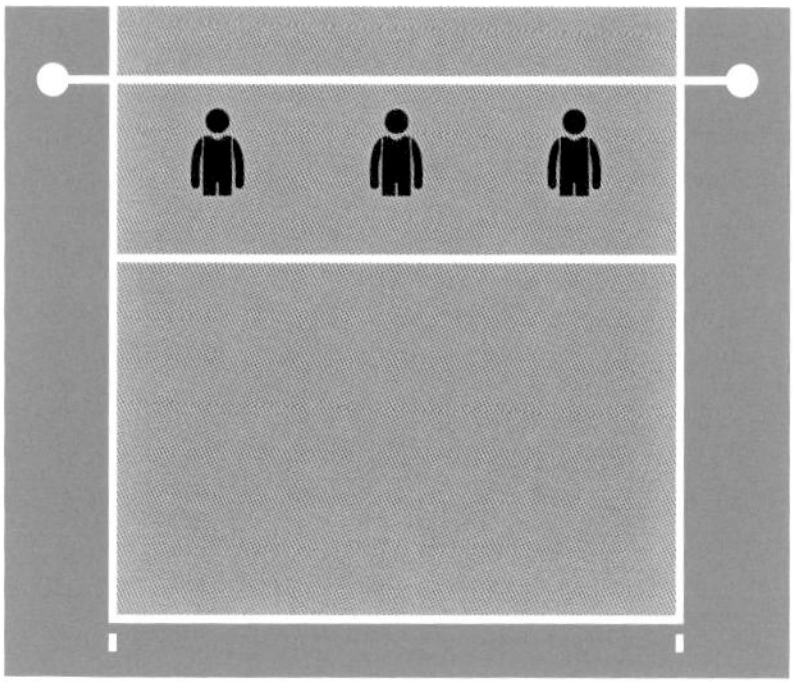

スプレッド

コートの横幅に対し均等に前衛プレーヤーを配置。両サイドからのテンポの速い攻撃に対して有効。ブロッカーを広げて配置するため、コート中央からの攻撃に対応しにくくなるのがデメリット

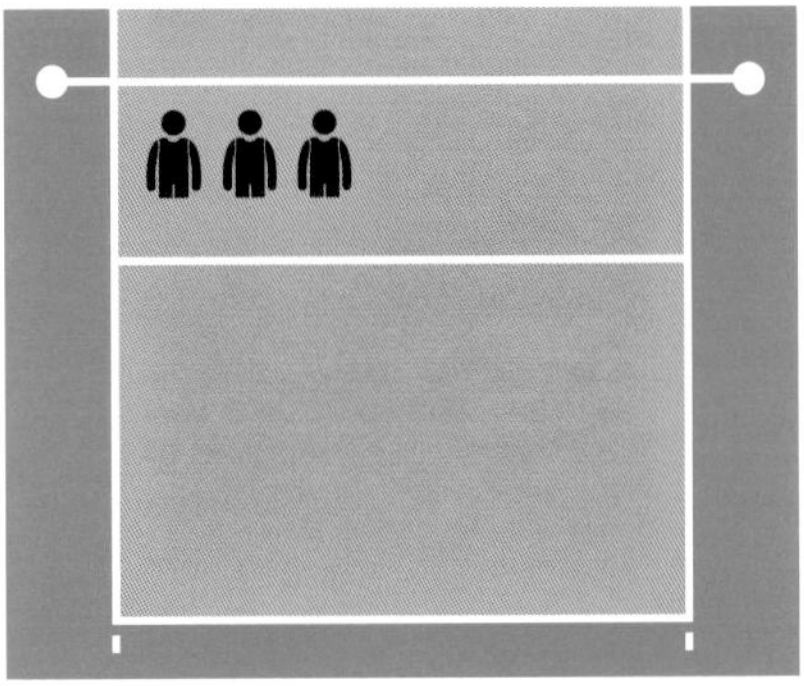

デディケート

前衛3人をどちらかのサイドに寄せる配置。相手チームのセッターが前衛にいるときやサイドから偏った攻撃などに有効

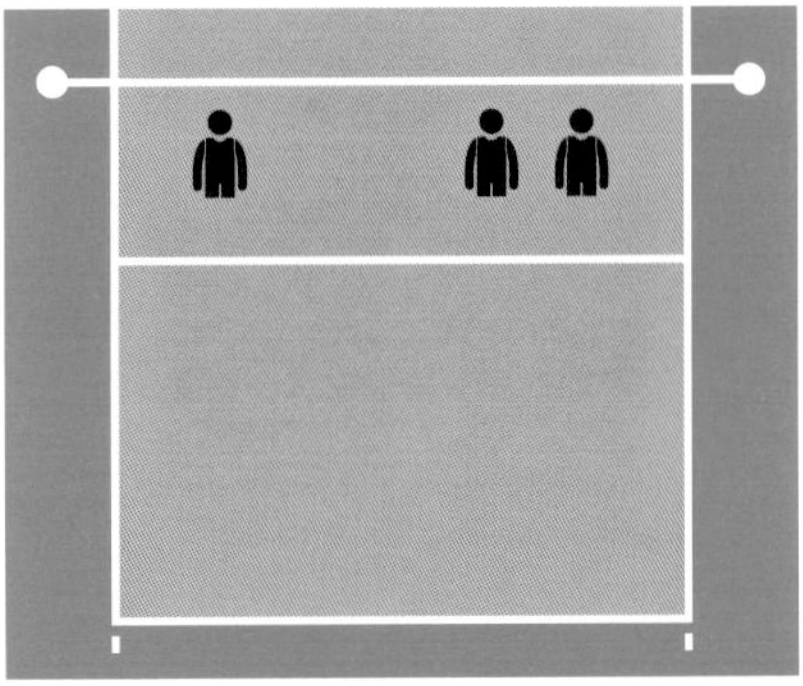

リリース

バンチの配置から1人のブロッカーをサイドに寄せてエースをマークする配置。中央のブロッカーは中央からの攻撃に対応

フロアディフェンスはブロックとの関係を意識

ブロック以外の守備を「フロアディフェンス」と言います。

ここではブロックとディグにおける基本のフォーメーションを紹介します。チームの状況に合わせていきましょう。

フロアディフェンスを成功させるために大切なのは、ブロッカーとコミュニケーションを図ること。

レシーバーは、相手アタッカーがどんな状況で仕掛けてくるのかを視野に入れ、ブロッカーの守備範囲と重ならない位置へディグに入ります。

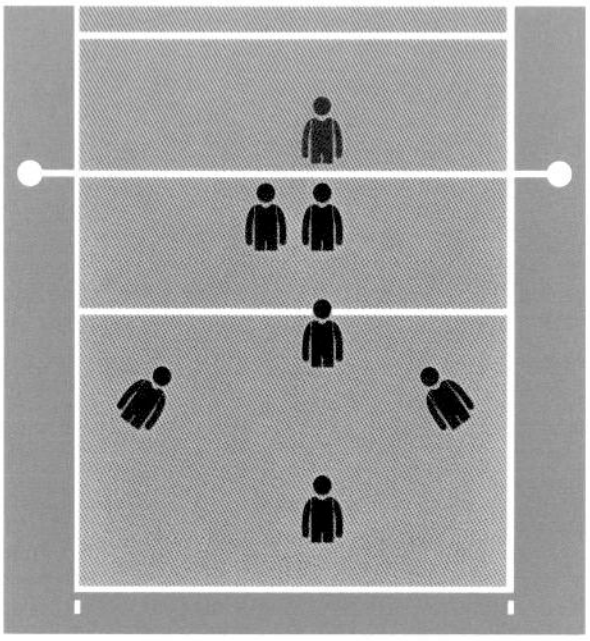

レシーバーがストレートのボールに対応するシフト

ブロッカーはクロスコースを閉め、レシーバーはストレートに入ります。クロスコースにいるレシーバーは、ワンタッチボールに対応できるように準備しましょう。

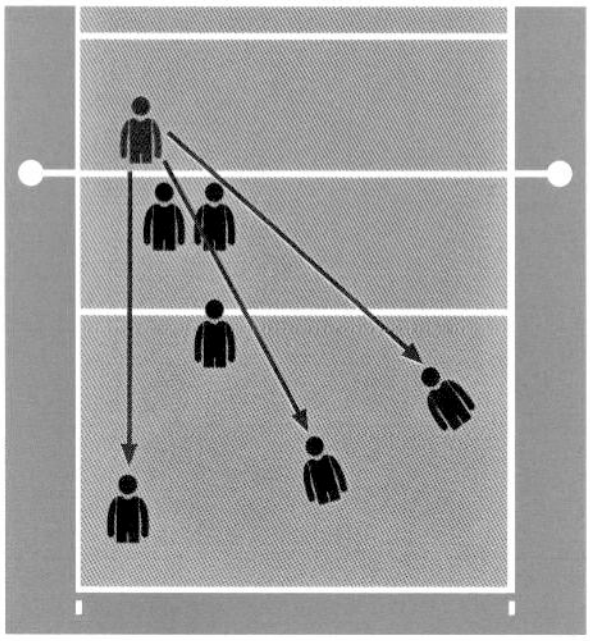

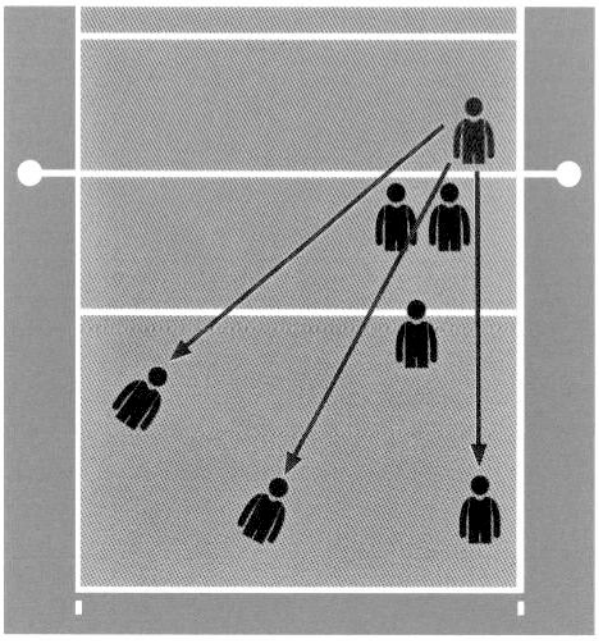

ワンポイントで意識がカワル!

ボールの動きに合わせて目線を切る

相手アタッカーとブロッカーの動きを確認するときは、ボールの動きをずっと追い続けてしまうと、判断が遅れることもあります。状況を確認するときは「セッター→アタッカー→ブロッカー」とすばやく目線を切って追っていきましょう。

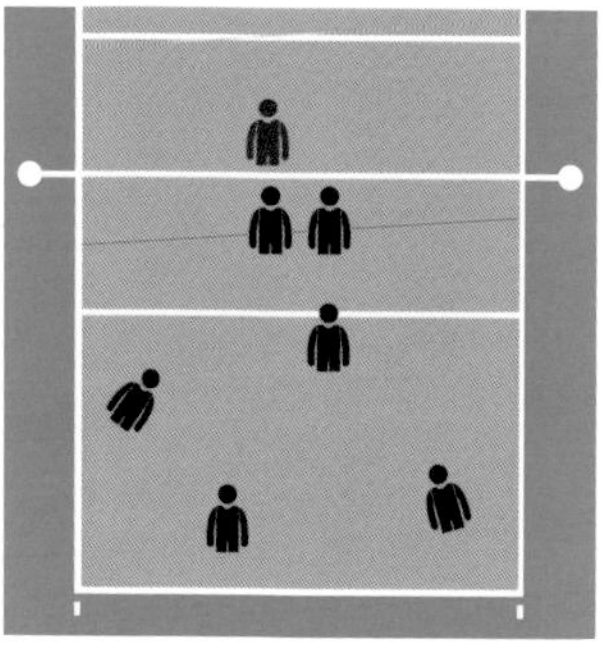

レシーバーがクロスのボールに対応するシフト

ブロッカーはストレートコースを閉めて跳び、レシーバーはインナーからクロスコースに入ります。ブロックの間が空いている場合は、空いているコースへレシーバーは必ず入りましょう。

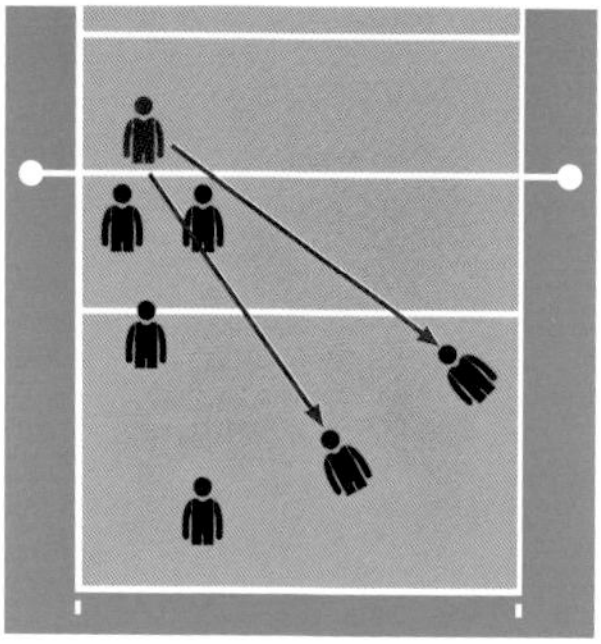

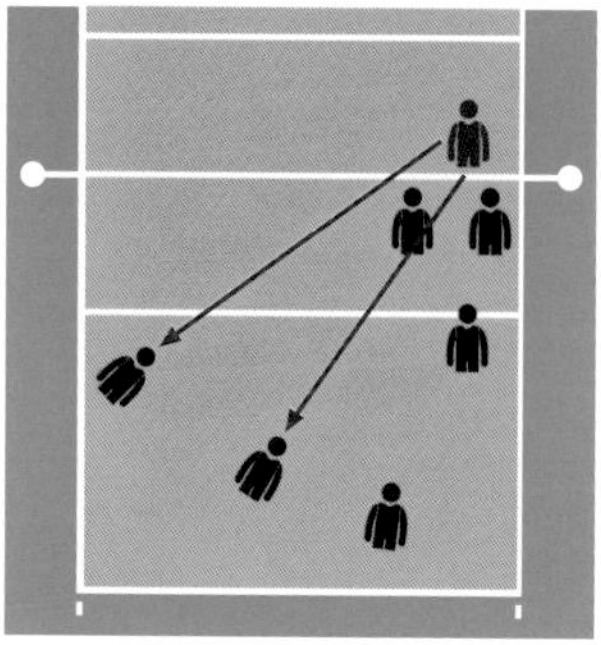

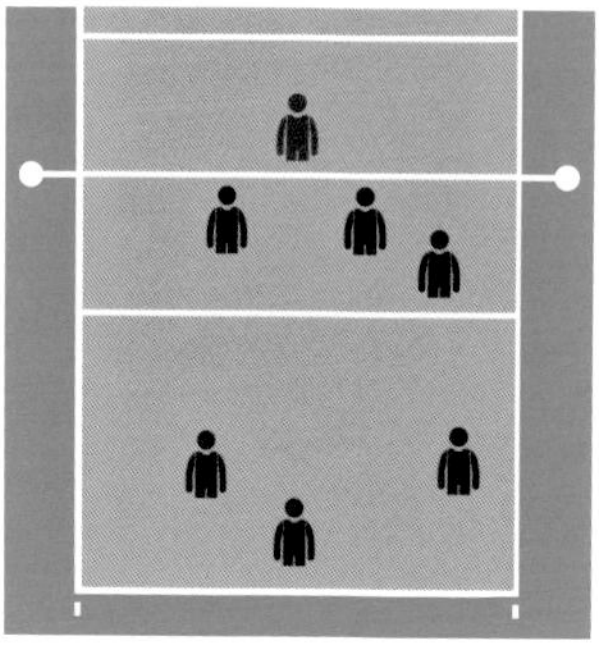

コート中央からの攻撃に対応するシフト

コート中央からのファーストテンポの攻撃に対して2枚ブロックを目指します。ブロッカーが遅れてジャンプした場合、レシーバーはその間を埋めるポジションに入りましょう。

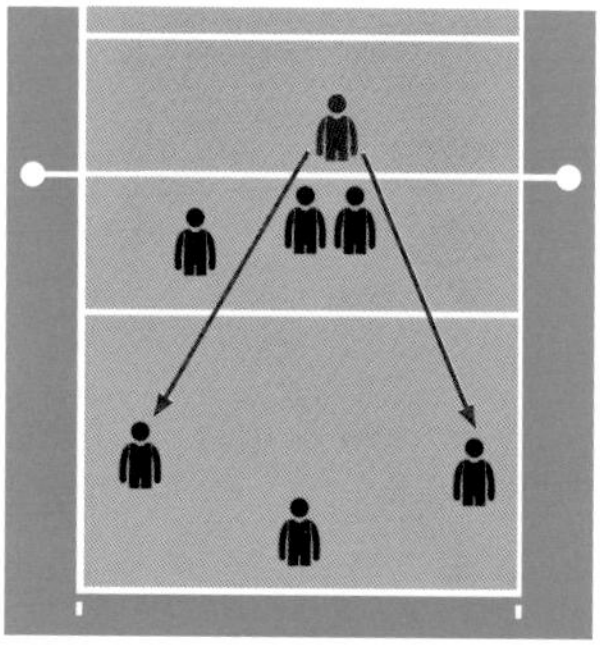

Tactics
戦術
第6章

スロットとテンポで攻撃の共通認識を持つ

リードブロックに対して有効な攻撃は、同時多発位置差攻撃と言われるシンクロ攻撃です。複数のアタッカーが同じタイミングで助走に入り攻撃を仕掛けるのは一見難しそうな戦術に見えますが、チームで共通認識を持ち練習を行えば、実践できるようになります。

セッターと各アタッカーの相違がないよう、スロット（セットを上げる位置）とテンポ（速さ）を「英数字」で表わして共有するとよいでしょう。

テンポは、セットアップに対しアタッカーがいつ助走に入るかで判別。オープン攻撃のようにセットアップされてからアタッカーが助走に入る攻撃は「サードテンポ」、セットアップとほぼ同時に助走に入る攻撃は「セカンドテンポ」、

図1【スロット】
コートの横幅において1mごと9エリアに分割し英数字で表わします。
セッターは「0」の位置にいることを想定

セットアップ前に助走をスタートする攻撃を「ファーストテンポ」と言います。

「スロット」はコートの横幅において1mごと9エリアに分割（図1）。セッターは「0」に立ち、レフトは「5」や「4」、ライトは「B」や「C」、コート中央からの攻撃は「1」の位置で打つことを表わします。

「スロット」と「テンポ」を組み合わせると、レフトからセカンドテンポによる攻撃は「5 2」、コート中央からのファーストテンポによる攻撃は「1 1」と表わすことができます。

このように共有することで、アタッカーは迷いなく助走に入り、セッターはアタッカーが望む打点へとセットを供給できます。お互いの力を最大限に引き出す攻撃を仕掛けていきましょう。

サイドへのセット

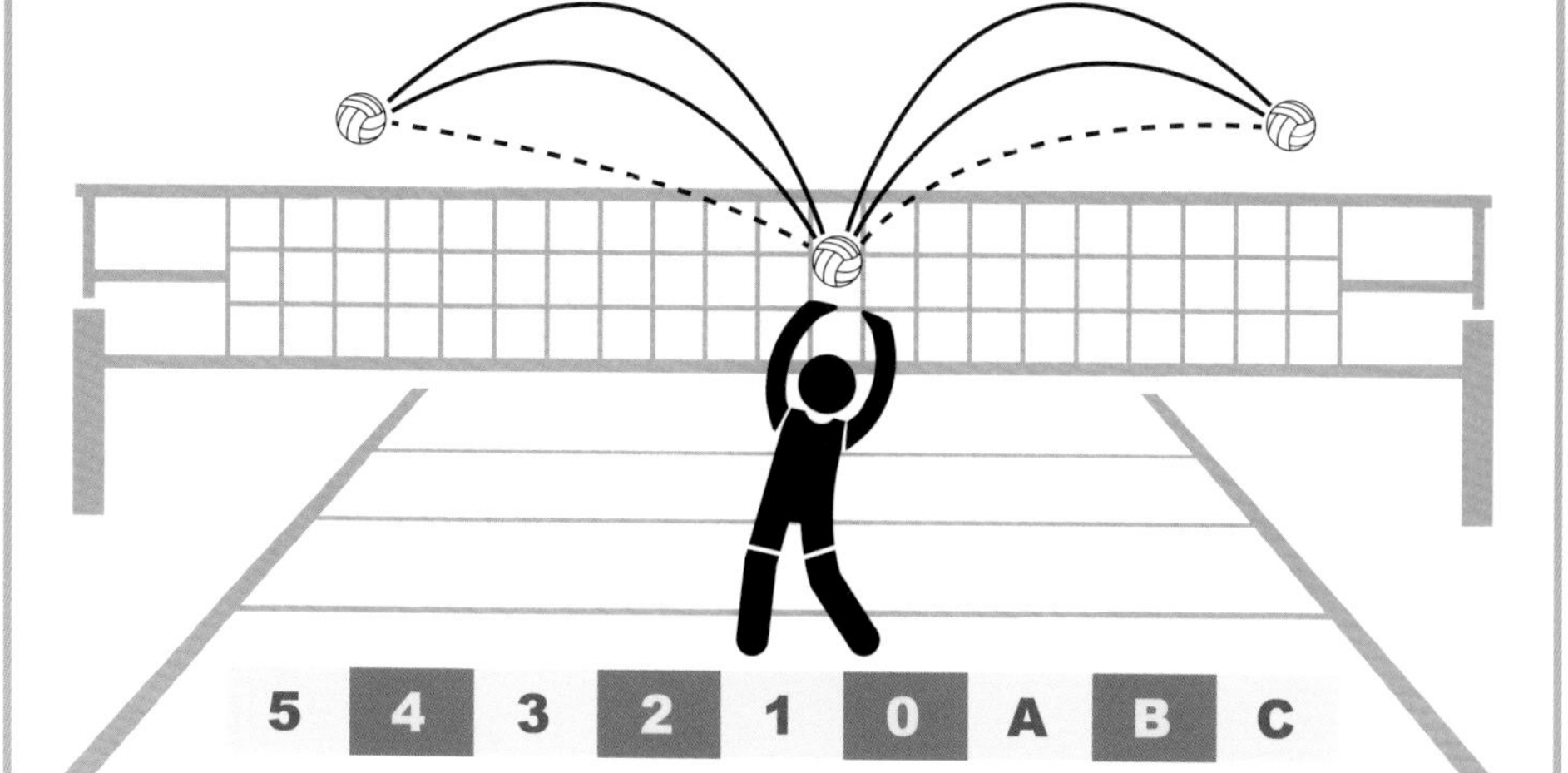

一番下の直線的なセットの軌道は、アタッカーが合わせなければいけない状況になります。上2つの軌道のように放物線を描くセットを心がけ、アタッカーに余裕を持たせましょう。

- - - - - =直線的な軌道　　——— =放物線を描く軌道

コート中央へのセット

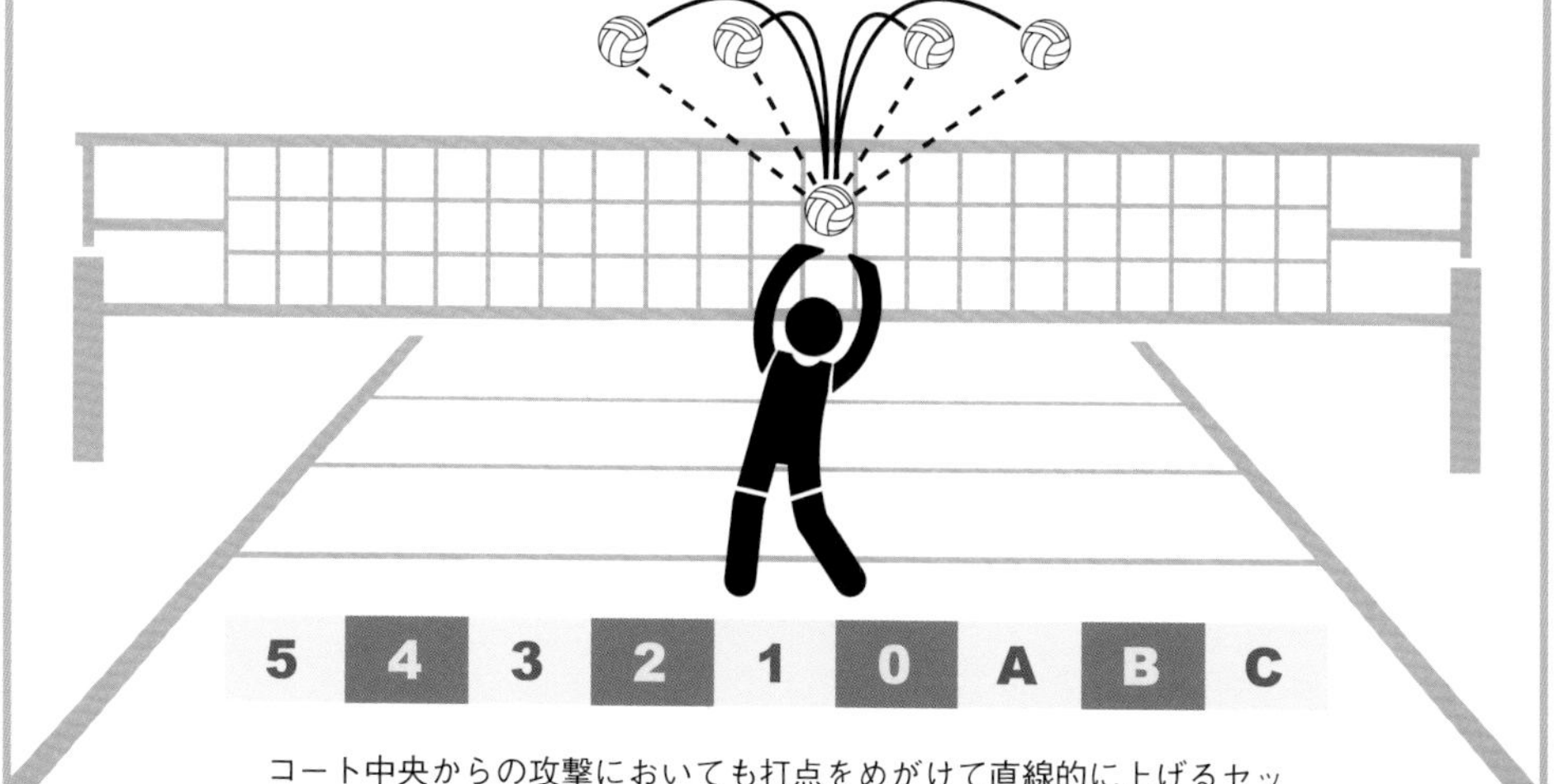

コート中央からの攻撃においても打点をめがけて直線的に上げるセットは、アタッカーの打つポイントが限られてしまいます。アタッカーが選択肢を持てる軌道のセットを心がけましょう。

Tactics
戦術
第6章

助走開始のタイミングを意識した攻撃①

「ファーストテンポ」は、セッターがセットアップする前に助走を開始する攻撃です。

アタッカーはセットの軌道を視野に入れながら、ジャンプと同時にスイングの体勢へ。最高打点でボールをインパクトしましょう。

セッターはセットアップする際、直線的なセットにならないように注意。

アタッカーが選択肢を持てる放物線を描くセットを心がけましょう。

ファーストテンポ

1 セッターがセットアップする前に助走をスタート

2 ジャンプと同時にスイング体勢をとる

3 セットの頂点をめがけて最高打点でボールをインパクト

セッターのセットアップとほぼ同時にアタッカーが助走に入る攻撃を「セカンドテンポ」と言います。

ファーストテンポに比べてセカンドテンポは、アタッカーがセットに対して微調整しながら助走に入るのが特徴です。

セカンドテンポ

セットアップと同時に
助走をスタート

セットの軌道を確認しながら
踏み込む

高い打点でボールを叩く

助走開始のタイミングを意識した攻撃②

オープン攻撃やハイセットで使われるのが「サードテンポ」の攻撃。アタッカーはセットアップされてから助走に入るのが特徴です。

2枚以上のブロックがつくことを念頭に入れておきましょう。アタッカーはしっかり助走を開いて、準備万全の状態で助走に入ります。

ブロッカーの手をはじき飛ばすくらいの気持ちで強いスパイクを打ち込んでいきましょう。

サードテンポ

1 セットアップ後、アタッカーは助走を開始する

2 セットの状況を見ながら踏み込む

3 高い打点を確保しボールを力強く叩く

シンクロ攻撃を前提にすると実践ではなかなか使う機会はありませんが、ここではセッターがセットアップする前にアタッカーが助走と踏み切りを完成させている「マイナステンポ」も紹介します。

　アタッカーは空中でボールを待つようにしてボールがきたらすばやくスイングを行います。

　アタッカーが踏み切った後にセットアップするため、セッターがアタッカーのタイミングに合わせてセットするのがコツです。

マイナステンポ

セットアップ前に
踏み切りを完了させる

セットアップと同時に
スイングの準備

アタッカーはボールがきたら
すばやく叩く

ブロックの枚数を減らすシンクロ攻撃

ブロック3枚に対し数的優位な状況を作るため、複数のアタッカーが異なるスロットから同時に攻撃を行うシンクロ攻撃を仕掛けていきましょう。

シンクロ攻撃は、ファーストテンポでの戦術展開が理想。できるだけ多くのアタッカーがファーストテンポで同時に助走を開始することが大切です。

またセッターはセットの軌道が低くならないように注意しましょう。

シンクロ攻撃を多用するためには、レシーブで体勢を崩されたり、長いラリーで息が上がったりなど、どんな状況下でも常に攻撃に参加するという意識を持って助走の練習に取り組みましょう。

助走開始

1 アタッカー4枚が助走をスタート

助走

2 相手ブロッカーがセットの方向へ動く

ワンポイントで 意識がカワル!

はじめはファーストテンポから合わせていこう

難しく思うかもしれませんが、実はファーストテンポはセッターがアタッカーの状況を確認してセットアップしてくれるため、助走に専念できます。はじめのうちはファーストテンポから練習してみましょう。

踏み切り

3 アタッカーが「5」「1」「A」「C」のスロットから踏み切る

ジャンプ

4 アタッカー全員が同じタイミングでジャンプ

ブロッカーを引きつけるセットアップ時の戦術

相手ブロッカーの警戒を誘う戦術として有効なのが、セットアップの際の戦術です。セットアップの体勢から相手コートへボールを落とす「ツー攻撃」、攻撃と見せかけセットアップへ入る「フェイクセット」があります。

また、リベロが第2セッターの役割を担うことが多いです。アタックラインより後ろでのオーバーハンドセットは認められているので、リベロプレーヤーはオーバーハンドでのセットも身につけておきましょう。

リベロのセットアップに対し、セッターを含めたアタッカー陣がシンクロ攻撃を展開することも可能になります。

ツー攻撃

セッターがセットアップするふりをして
相手コートへスパイクやフェイントを落とす

1

高いところでセットアップの準備

2

自コート側の指でボールをとらえて
相手コートへ落とす

フェイクセット

攻撃すると見せかけ、ボールに跳びついてセットアップ

バックスイングを行い
攻撃の準備に入る

ボールに飛びつくように
セットアップ

踏み切りと同時にボールを
両手でとらえる体勢へ

リベロのセット

セッターがディグに入った場合、第2セッターとしてリベロがセットアップするケース

アタックラインを越えないように
片足で踏み切る

ブロッカーの状況を見て
アタッカーへセットを供給

身体の軸を安定させて
セットアップ

全員がすべての技術とコンセプトを共有する

練習方法としておすすめなのは、少人数によるゲーム形式の練習です。ポジション関係なく、ディグ、セット、アタック、ブロックとすべてのプレーに取り組むことで技術の向上が期待できます。

また、コート内の人数が少ないため、ボールにふれる回数が増え次のプレーへの意識付けが生まれることから、「準備」や「考える」場面が格段に増えます。

一例としてコートを縦に分割し、ポジション関係なく「2対2」、「3対3」となり、オールコートで2組が隣り合わせで練習を進行することが可能です。

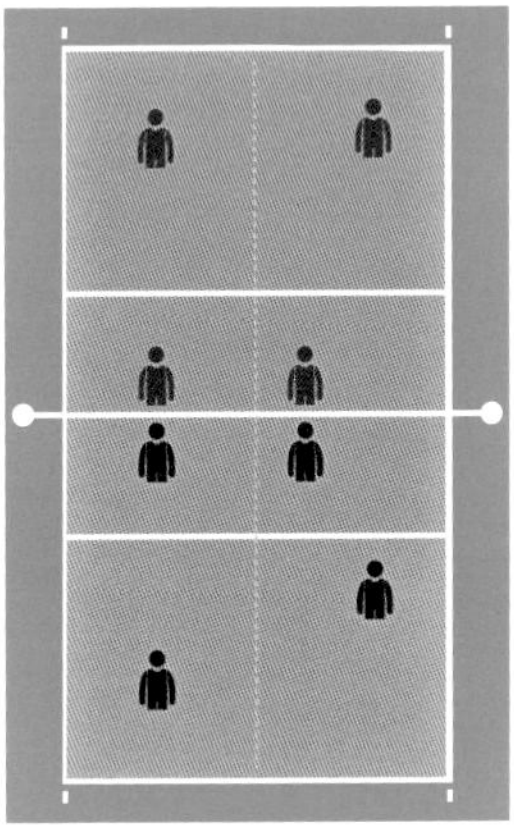

2対2

ポジション関係なく全員がすべてのプレーに取り組める。「ボールを拾ったら自分が打つ」という次の展開を考える習慣が身につくのが利点。オールコートで隣り合わせで行う場合は、注意する

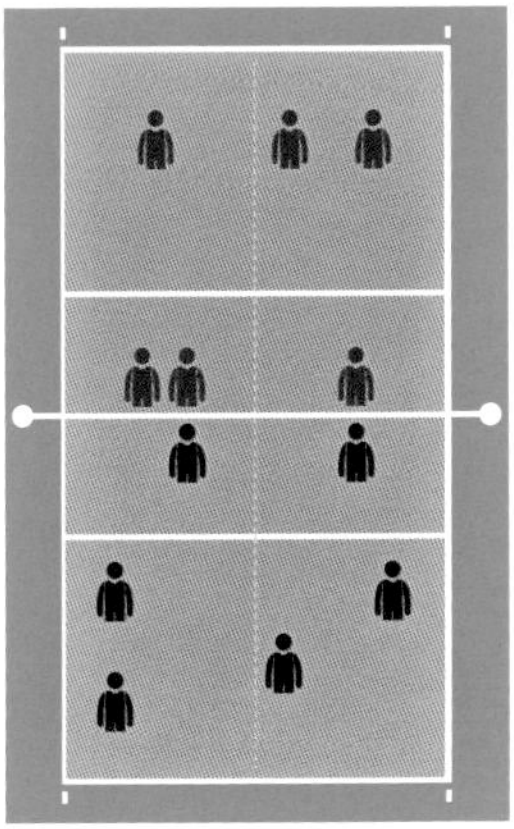

3対3

2対2よりも人数が1人増えることで、プレーの際に選択肢も増える。ブロックの位置、セットアップの場所、攻撃のコースなど攻守の各場面での判断をすばやくできるように心がける

フェイントのありなしやローテーションなどのルールは、自分たちで決めて取り組みましょう。

レシーバーはブロッカーの位置と重ならない場所を守る。レシーブした後は、すぐに攻撃体勢に入る意識を持つ

守備側はパートナーと話し合いながら、状況に合わせてブロックにつくようにする。攻撃側はブロッカーとレシーバーの位置を視野に入れて攻撃を仕掛けよう

攻撃側のアタッカーは最大2枚。助走をしっかりとってスパイクを打つ。守備側はアタッカーの状態を確認しながらディグ体勢に入り、強打を想定しておく

コートが縦長なので守備側はブロッカーとレシーバーが重なる場合もある。攻撃側はブロッカーの位置を確認してコースを打ち分けていく

ゲーム性を養う「4対4」のゲーム形式

「2対2」「3対3」の練習で基本の技術を磨き、さらにゲーム性を培っていくには「4対4」の練習がおすすめです。

人数が増えることで、守備ではブロックの枚数をコントロールし、攻撃では複数のアタッカーが同時に攻撃を仕掛けることができます。

各自がいろいろな役割を受け持つことで、さまざまな戦術を仕掛けることが可能です。

ブロック後、ディグ後、すぐに攻撃体勢をとる意識を忘れずに、各自が「いま自分は何をすべきか？」を考えながらプレーすることが成長への近道です。

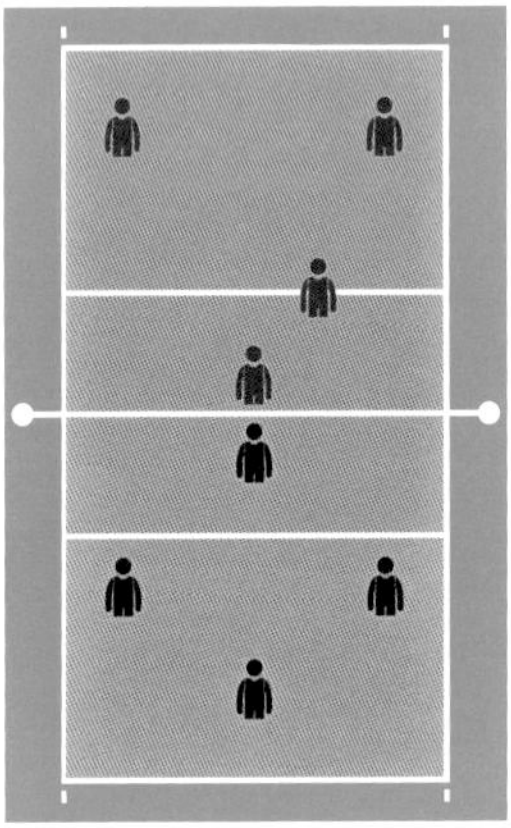

4対4

オールコートを使ってポジション関係なく1チーム4人で構成。最大3枚のアタッカーが攻撃に入ることで、攻撃のバリエーションが増える

レシーバーはブロッカーと重ならない位置につく

攻撃側は最大３枚で攻撃の準備に入る。しっかり助走距離をとり、ブロッカーとレシーバーの守備網を打ち破る意識を持つ

レシーバーはブロッカーの立ち位置が決まるまでリラックスした状態で構えておく

自分の心と身体と対話し変化を自覚する

Column 5

日々の部活やクラブの活動において、自分の最大限のパフォーマンスを発揮しケガなくバレーボールを楽しむためには、自分の心と身体がいまどんな状態でいるかを「自覚」することです。

筋肉が張っている、関節に違和感がある、食欲がないなど、どんな小さなことでもいいです。身体だけではなく心もそう。練習に行きたくない、早く帰りたいなど、なぜそのように思ってしまうのか。自分の心と身体の変化を感じ、自分と「対話」をすることが重要です。

それはトップにいるプロの選手たちも同じ。日々身体の状態をチェックしベストコンディションを把握しているからこそ、わずかな変化も感じることができるのです。

そういった変化に気づかず、練習に打ち込んで無理をしてしまうと、病気やケガにつながる恐れもあります。

小さな変化を感じてその場でしっかり対応して、病気やケガを防いでいきましょう。

変化を感じたときは周囲に相談。無理せずに練習を休もう!!

Conditioning

自己管理

第7章

Conditioning
自己管理

第7章

成長期の身体の悩み、変化と向き合おう

中高生プレーヤーの皆さんには、大好きなバレーボールを楽しんで長く続けてほしいと願っています。

そのために大切なのは、心身ともに健康であることです。そこで産婦人科専門医でスポーツドクターとしても活躍されている高尾美穂先生に、皆さんの世代ならではの悩みの解決策や、体調管理の方法などについて解説していただきました。

とくに、生理の問題は監督や親にも相談しにくいことなので、とても参考になると思います。競技者としても引退してからも役に立つ知識が満載です。

Profile

MIHO TAKAO
日本スポーツ協会公認スポーツドクター
女性のための統合ヘルスクリニック「イーク表参道」副院長
文部科学省・国立スポーツ科学センター
女性アスリート育成・支援プロジェクトメンバー
日本障がい者スポーツ協会公認 障がい者スポーツ医

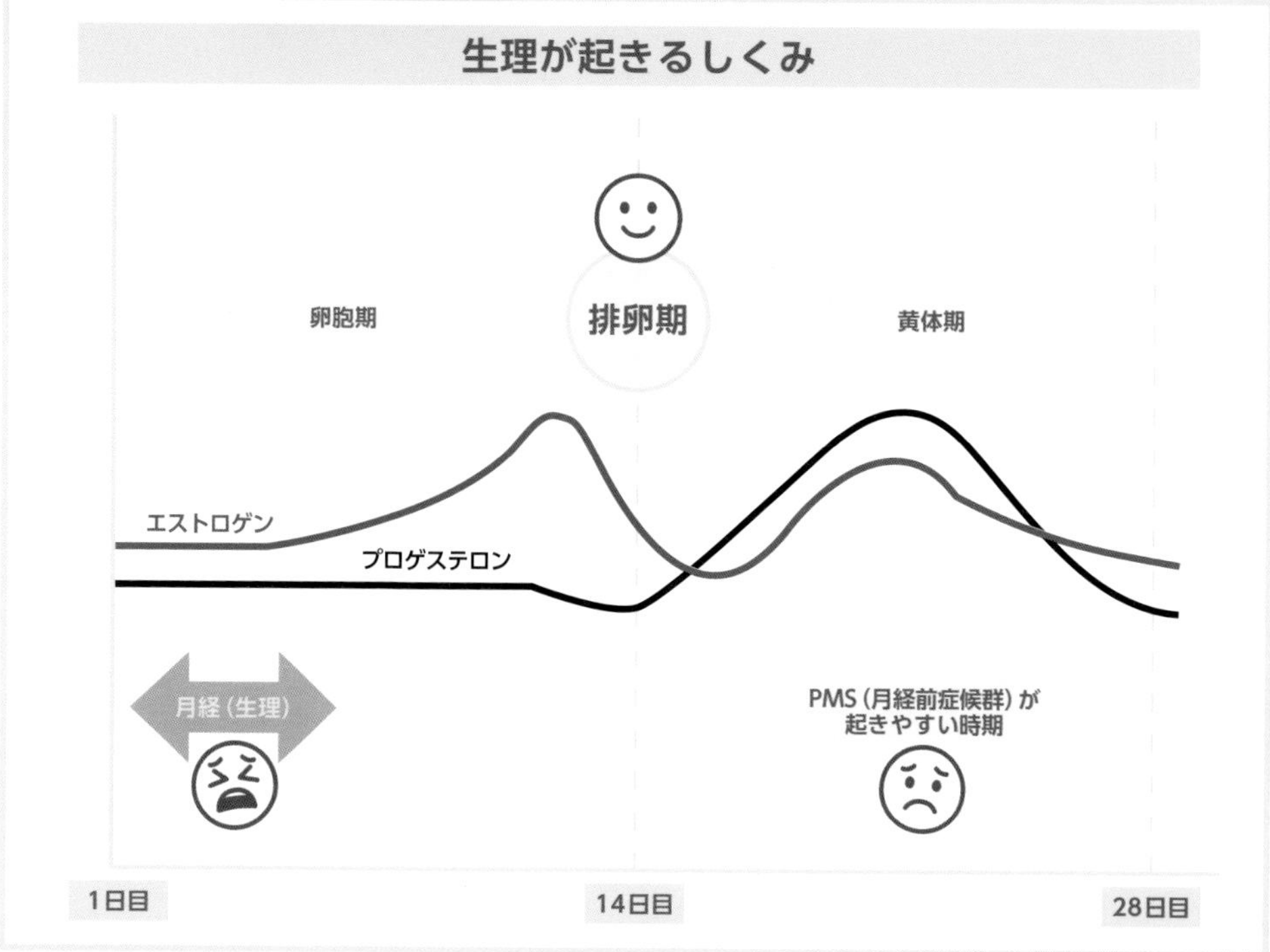

この本を手にとってくださっている中高生バレーボールプレーヤーの皆さん、こんにちは。産婦人科専門医の高尾美穂です。私は普段クリニックで女性の健康に向き合うかたわら、スポーツドクターとしてプロチームのサポートなどもしています。

球技はわりと得意なほうで、小学校でバスケットボール、中学でソフトボール、高校時代はバレーボール部に所属していました。

今、皆さんの身体は成長のピークに差しかかっている時期。私にも経験がありますが、競技に取り組む中で体型や体調の変化に戸惑うことがあるかもしれません。でも、心配しなくて大丈夫！ 正しい知識や対処法を知ってバレーボールの上達につなげていきましょう。

女性競技者の悩み「生理」について

成長期は身長が伸びてバレーボール選手としてうれしい反面、体重が

不快感や痛みは我慢しないで悩みを解決しよう

増え跳躍力が落ちたと感じることもあるでしょう。

身体の内側の変化としては、エストロゲンというホルモンが作られ、卵巣が働き出して初潮を迎えます。生理の問題は、女性競技者が競技に向き合う上でもっとも大きな悩みのひとつです。これは、生理周期がまだ不安定な中高生プレーヤーならなおさらのこと。練習も試合も一生懸命がんばりたいのに、いつ出血が起きるかわからないとなったら、生理は「うざい」以外の何ものでもありませんよね。

では生理の時期を少しでも快適に過ごし、競技に集中して取り組むにはどうすればいいのでしょうか。

自分に合う選択肢を見つけましょう

私がサポートしていたプロバスケットボールチームの選手にアンケートをとったところ、生理中に困ることの1位は「ナプキンがずれる」「血液が漏れる」といった出血の問題でした。

競技中、股関節をいろいろな方向に動かすことでショーツが引っ張られ、ナプキンがずれ血液が漏れてしまう。また、それが心配でプレーに集中できず、普段はしないミスをしてしまうなどの声が寄せられました。皆さんの中にもこんな経験がある人はいるのでは？

解決策としてまず提案したいのは、ナプキンで受ける経血の量を減らすこと。ナプキンと小さめのタンポンを併用すると「経血が出てきた」という感覚をだいぶ減らすことができます。生理が始まったばかりの若い年代でも膣口には小指が通るくらいの穴が開いていますので、小さいサイズのタンポンならそれほど抵抗感なく使えるでしょう。

また、ショーツにではなくナプキンに貼るタイプのライナーも便利です。膣口にフィットする形状になっていて、出てきた経血をすぐに吸収してくれるので漏れる心配を減らせます。

月経が重なるとパフォーマンスに支障はありますか？

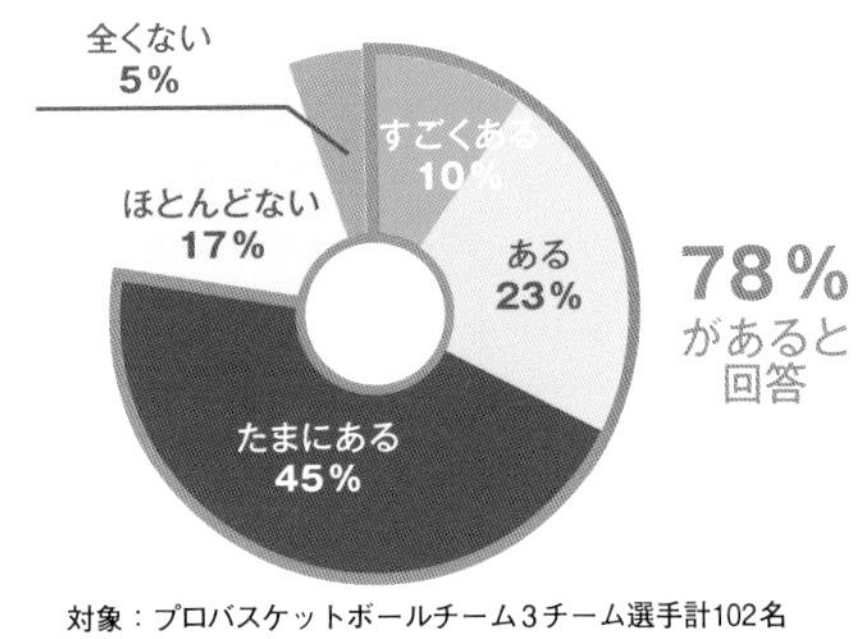

対象：プロバスケットボールチーム3チーム選手計102名

どのような症状で困っていますか？

対象：プロバスケットボールチーム3チーム選手計102名。複数回答可

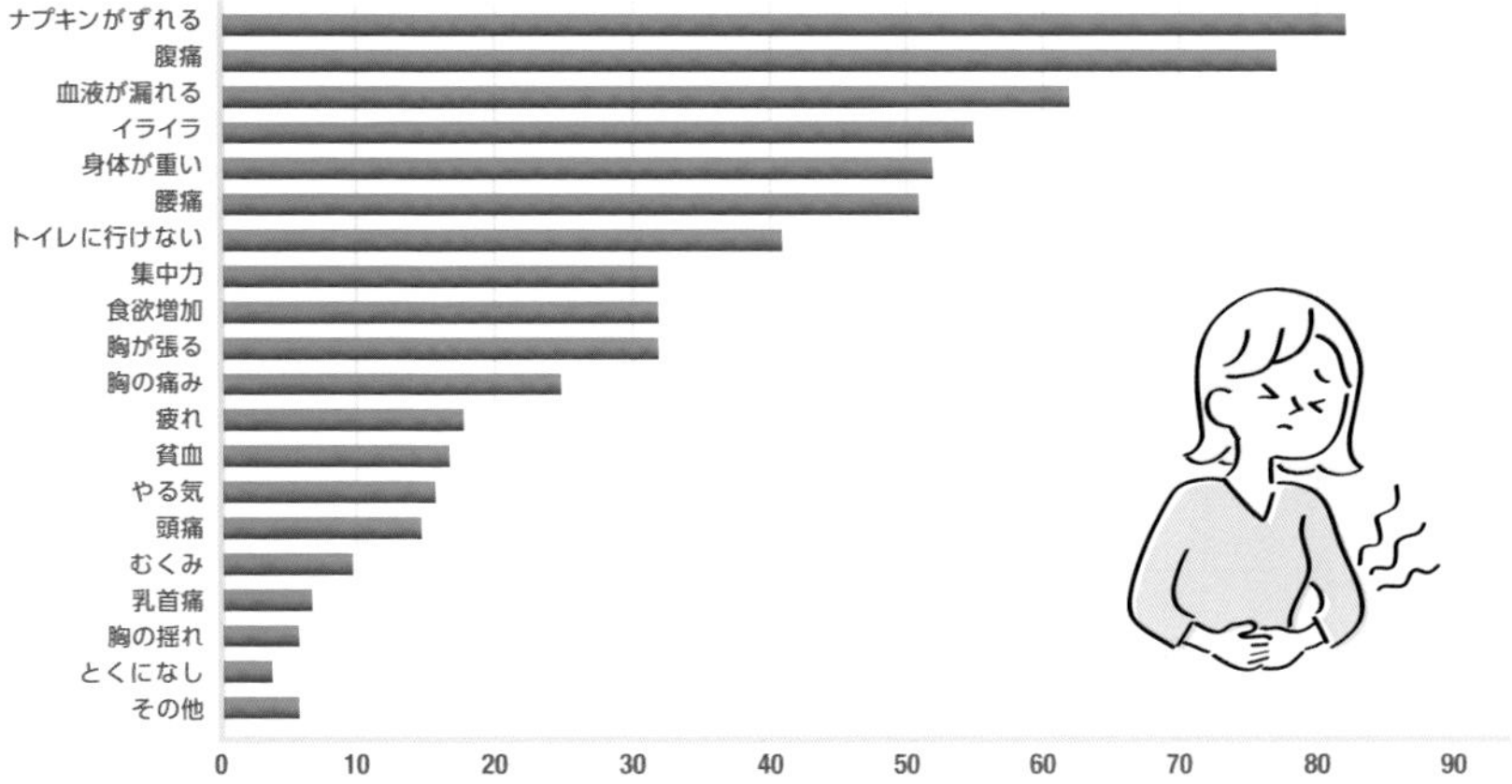

このほか、生理用ショーツとスパッツの重ね履きをしなくて済むように、スパッツに直接ナプキンを付けられるものや、ナプキンがいらない吸水ショーツなど様々なアイテムが増えてきています。悩みを解決する選択肢は広がってきていますので、ぜひ自分に合ったものを見つけてください。

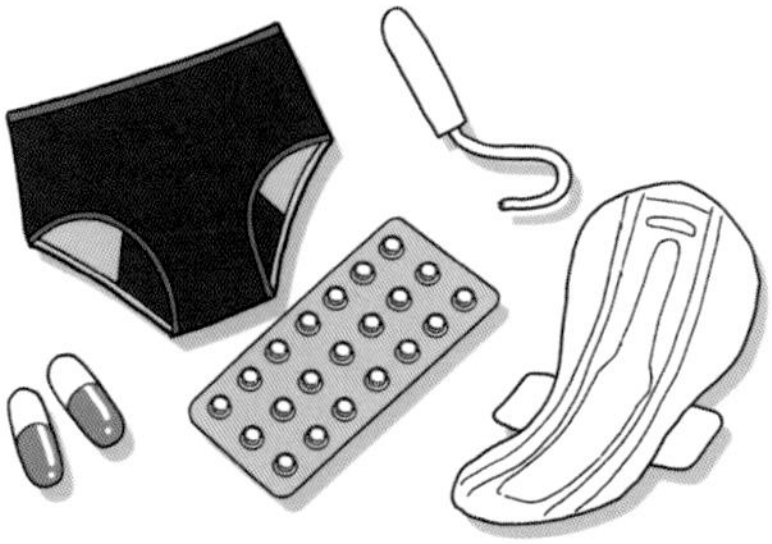

ナプキン、ライナー、タンポン、ナプキンがいらない吸水ショーツ、痛み止め、ピルなど不快感や痛みを抑える選択肢はいろいろあります

痛みは我慢せずに痛み止めの効果的な飲み方

スポーツ選手の生理の悩みのうち、経血の問題に次いで多かったのが「生理痛」についてです。一昔前まで生理痛は病気ではないので我慢するしかない、という風潮もありましたが、今その認識は完全に変わっています。起き上がれないような重い生理痛は言うまでもありませんが、「生理痛があって練習が億劫だ」と選手本人が思った時点で解決すべき課題なのです。この点は親御さんや指導者の方にもぜひ知っていただきたいと思います。

では、そもそも生理痛はなぜ起きるのでしょう。

子宮は、平滑筋という自分の意思ではコントロールできない筋肉でできた臓器です。生理周期の中で卵胞期〜黄体期に受精卵を迎えるための子宮内膜が準備され厚みを増していきますが、妊娠が成立しなければそれは不要となります。この不要な子

女性ホルモンと女性の人生との関係

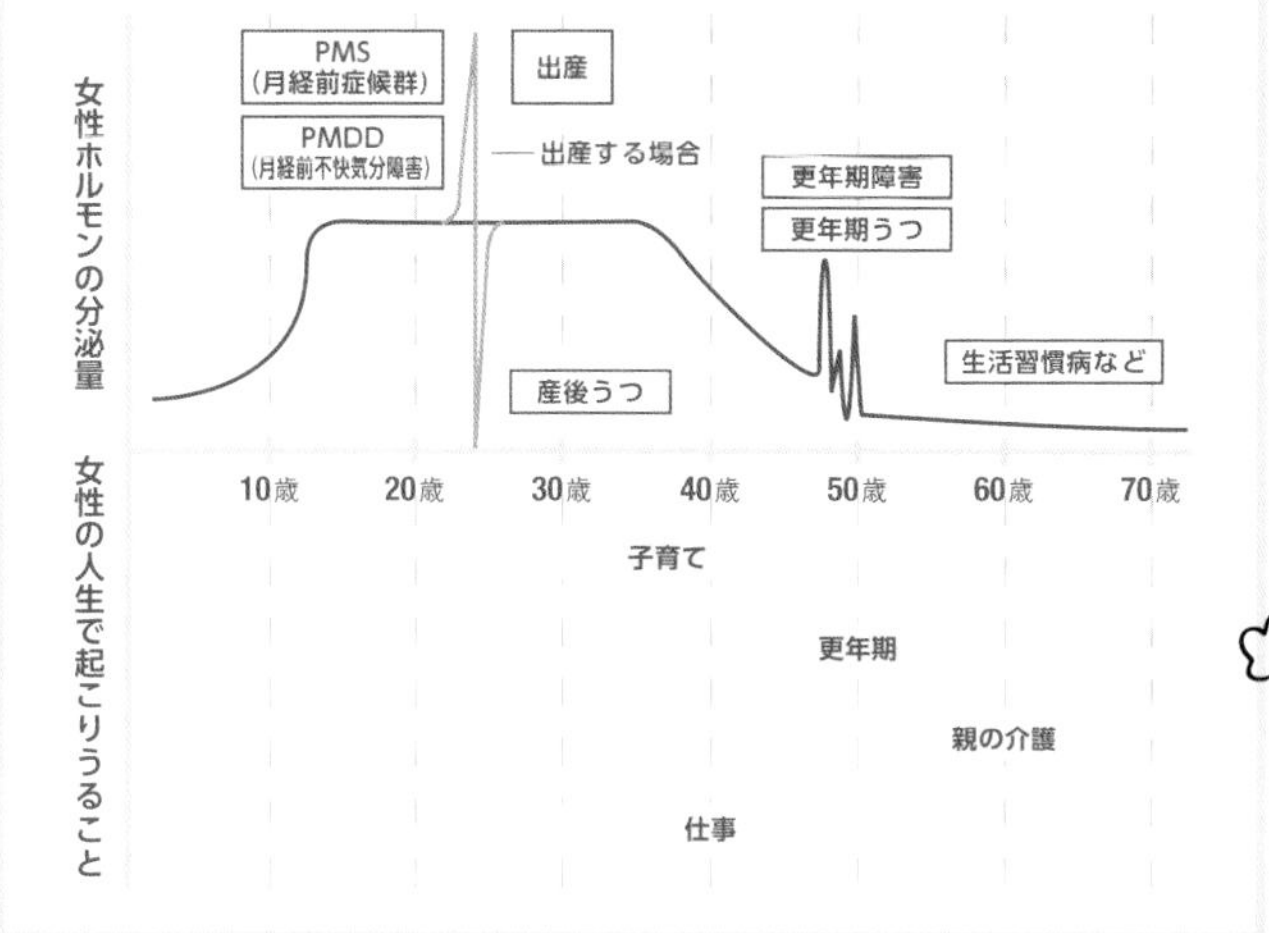

宮内膜を排出するために、プロスタグランジンという物質が子宮内膜により作られ、子宮の平滑筋を収縮させます。

わかりやすいイメージで例えるなら、マヨネーズのチューブをぎゅっと握って中身を絞り出すようなことが起きているのです。ぎゅっと握られるので、当然痛みを感じます。とくに若い世代は出口がまだ小さいですから、すんなり出ていきません。中身が残っているとさらにプロスタグランジンが作られ、子宮を収縮させる。こんな悪循環が起きているのです。

つらいと感じる生理痛があるときは、我慢せずに痛み止めを服用しましょう。痛みを抱えている状態では学業にも支障が出てしまいます。

痛み止めを効果的に使うポイントは、早めに飲むこと。代表的な鎮痛剤「ボルタレン」や「ロキソニン」の有効成分「NSAIDs」（非ステロイド性抗炎症薬）は、痛みの元となるプロスタグランジンが作られる過程をブロックして効くタイプです。プロスタグランジンが完成してしまってからでは、効果があまり期待できません。タイミングとしては赤い出血がチラッとでもあれば飲み始め、1日3回など決められた用法で2日間ほど飲む。これで生理痛はずいぶん緩和されるはずです。

よく「若いうちから鎮痛剤を飲んで効かなくなってしまいませんか？」という質問を受けますが、それは心配いりません。1日3回で効く薬というのは、言い換えれば3回飲まなければ血中濃度を維持できないということ。服用したそのときどきで痛みを抑え、あとは体外に排出されますので身体が薬に慣れてしまって効かなくなる、ということはないのです。

ただし耐性とは違う面で注意すべき点もあります。鎮痛剤をひと月で15日以上服用すると、鎮痛薬による頭痛が起きることが報告されています。

体調のよい日と悪い日があるのはどうして?

生理が始まっている人の中には、1ヵ月の中で体調がよい日とそうでない日があることに何となく気づいている人もいるのではないでしょうか。

このことについて以前国内のトップアスリートを対象に行ったアンケートでは、月経期（生理中）と黄体期（生理1週間前）にコンディションが悪くパフォーマンスが落ちる、と感じている選手が全体の3～4割を占めました。また女性は生理の前後で体調が悪い日が月平均4.8日あるというデータも出ています。

これは生理周期を形づくる、エス

主観的コンディション

対象：JISS/NTCを利用する国内トップの女性アスリート233名

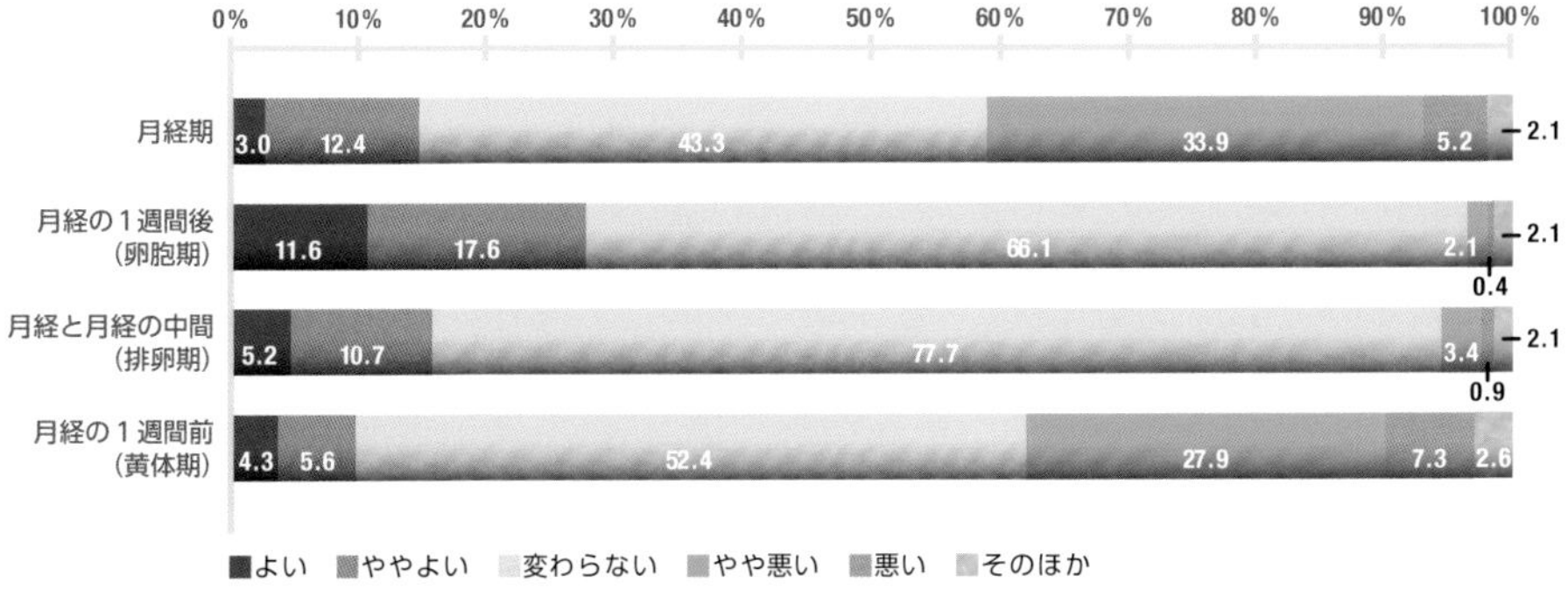

30～40%のアスリートが月経期と黄体期にコンディションが悪いと感じている

トロゲンとプロゲステロンという女性ホルモンの分泌量の変化が影響していると考えられます。この2種類のホルモンを一つの薬に合わせたのが「低用量ピル」で、継続して服用することでホルモンの量が一定であると身体に錯覚させ、排卵や子宮内膜の増殖を抑える作用があります。

　ピルは元々避妊のために使われはじめた薬ですが、生理痛が重い「月経困難症」や生理前に身体や心の不調を感じる「PMS」（月経前症候群）の治療にも用いられるようになりました。

　WHO（世界保健機関）のガイドラインでは、初潮を迎えれば服用可能とされています。私が勤務するクリニックにも、中高生が親御さんと相談にいらっしゃることが増えました。生理によって競技や学業に支障が出ていると感じている方は、選択肢のひとつに加えてみてもいいでしょう。

　鎮痛剤も低用量ピルも、デメリットを上回るメリットがあるから選択するわけですが、どうしても薬に抵抗がある人は「お腹を温めると調子がよくなる」など、自分なりのコンディション維持の方法を探してみるといいでしょう。生理開始から次の生理までの毎日の調子を、◎○△×の記号とその理由を添えて簡単に記録しておくと自分のコンディションを把握しやすくなるのでおすすめです。

骨と筋肉を保つのに欠かせない「エストロゲン」

　さて、成長期に生理が始まるのはエストロゲンというホルモンが分泌されるからである、ということは冒頭でお話ししたとおりです。

　ここからはエストロゲンが身体に準備されることでもたらされる、スポーツ選手としてのメリットについてご紹介したいと思います。

　まずエストロゲンは、丈夫な骨を保つのに欠かせないホルモンです。新体操やフィギュアスケートなど審美《しんび》系と呼ばれる競技のトップ選手の中には、無理な減量から十分なエストロゲンが分泌されずに生理が止まったり、骨がもろくなって疲労骨折したりするケースも少なくありません。

　エストロゲンが急激に減少した閉経後の女性に多い疾患に「骨粗鬆症《こつそしょうしょう》」がありますが、同じようなことが若い世代で起こっているのです。しかも、競技中のアクシデントによる突発的な骨折ではなく、エストロゲンが少ないことによって起こる脆弱性骨折はとても治りが悪い。これはものすごくパフォーマンスダウンにつながりますし、将来的な骨粗鬆症の発症リスクが高いことも知られています。

　また、エストロゲンは跳躍力や力強いアタックを打つのに必要な筋肉を増やすうえでも重要な役割を果たします。

　筋肉量を増やすホルモンとしては他にもＩＧＦ-１、テストステロン、成長ホルモンが知られていますが、生理が順調にきている女性と無月経の女性を比べると、前者の方が分泌量が多いことがわかっています。

　さらに、エストロゲンが十分に分泌されているとメンタル面にもよい影響があります。内臓や血管の働きを調整する２つの自律神経、交感神経と副交感神経をバランスよく保ち、気持ちの波を小さくしてくれるのです。

　バレーボールの上達のために身につけたい身体能力や、安定したメンタル。これらの獲得にエストロゲンが欠かせないということがおわかりいただけたと思います。

あなたの体重は軽すぎない？ 適正体重を知ろう

　さて皆さんは「適正体重」「ＢＭＩ」という言葉をご存じでしょうか。適正体重の計算式は（身長ｍ）^{2}×22で、身長１６５㎝の人なら１・６５×１・６５×22＝59・９㎏。ＢＭＩは体重と身長から算出される肥満度を表す体

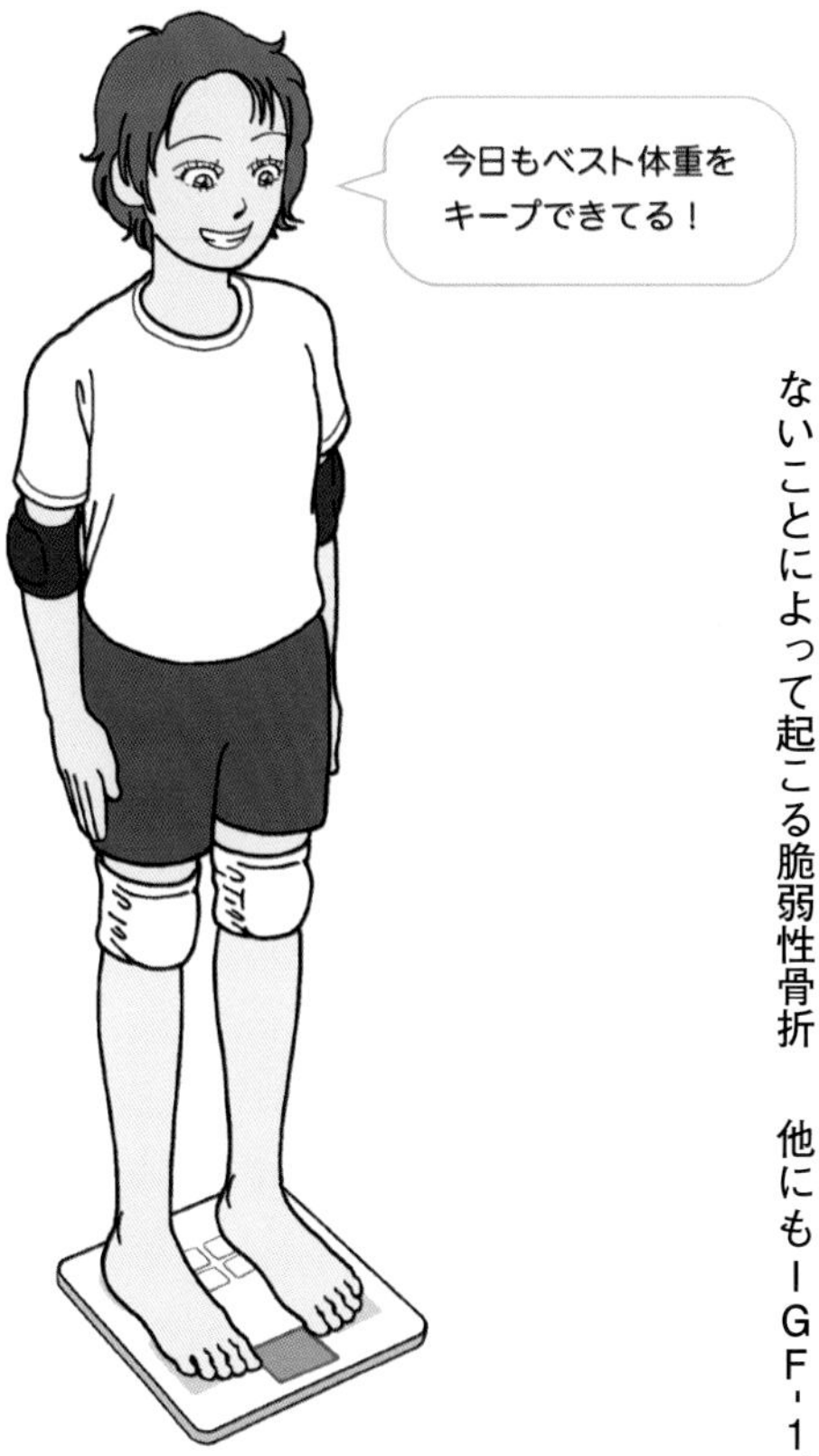

適正体重を表す「BMI」。
体重と身長から算出される肥満度を表す体格指数をいいます。
BMI＝体重÷（身長m）^{2}から算出
適正体重＝（身長m）^{2}×22
例：身長165cmの人なら1.65×1.65×22＝59.9kg。

格指数で体重÷（身長m）^{2}から算出され、日本肥満学会ではBMI22を「標準」とし、統計的にもっとも病気になりにくい数値であると分類しています。

　どうでしょう。これらは成人の基準ですが、「適正体重」は皆さんの想像よりも重いのではないでしょうか。適正体重を維持することは競技力を向上させるためにも、これから先の長い人生を健康に過ごすためにもとても大切です。

　例えば将来的に妊娠を希望する場合、体重が軽すぎる人や重すぎる人は適正体重の人よりも妊娠しにくいことがわかっています。また低体重の妊婦さんは早産のリスクも高まります。

　そして何より競技のパフォーマンスを上げるには、骨も筋肉もしっかりした丈夫な身体であることが大前提。そのためには栄養、運動、休息の3つをバランスよく正三角形になるイメージでとることがポイントです。適正体重よりも軽い人が、毎日ハードな練習をしているのに食事を控えめにする、なんていうのはもってのほか。エネルギー量が足りないことで引き起こされる生理不順、疲労骨折などの悪影響は、栄養をしっかりとり出したからといってすぐに回復するものではありません。

丈夫な身体を保つ３つのバランス

指導者はサポートと後押しを アプリの活用もおすすめ

　ここまで成長期特有の身体の悩みや体調管理のポイントについてお伝えしてきました。これらのことは選手が一人で抱える問題ではなく、ぜひチームの指導者の方も共有して一緒に考えていきたいですね。

身体の変化を前向きにとらえて充実した選手生活を送ろう

効果を生むチェックポイント

- ☑ 生理の悩みを解決する選択肢から自分に合ったものを選ぶ
- ☑ 痛み止めは早めに服用。決められた用法で２日間ほど飲む
- ☑ 丈夫な骨と筋肉を保つエストロゲン（ホルモン）は欠かせない
- ☑ 適正体重は競技力向上とこれからの健康維持のための目印
- ☑ 現場の指導者は選手の聞き役として背中を押す存在に

選手が監督に面と向かって「今日は生理です」とは言いにくいですから、生理を含め体調を申告するための連絡ノートを作ったり、体調管理をサポートするアプリを利用したりするのもよいと思います。今、強豪校やプロチームでもアプリを利用して選手の体調を把握し、練習内容の変更や戦術面に活かしているチームが増えているようです。

最後に、学校現場でスポーツを指導されている先生方には、技術面だけでなく選手の体調面やメンタル面のサポートをぜひお願いしたいと思います。

今の選手たちはインターネットで様々な情報に触れる機会が多いです。何か体調やメンタルのことで相談したり情報共有をしているような場面に出会ったら「先生もその情報は知っているよ」と肯定するだけでも、選手は安心します。また、一度選手を集めて悩みや困っていることについて皆で話をする機会を持つのもよいでしょう。

その際、先生はあくまで聞き役、橋渡し役になっていただければ十分だと思います。選手が一人で悩みを抱え込まず、親御さんや専門家に相談するために背中を押す存在になれるのは、現場で日々選手に接している先生方なのです。相談先として、例えば婦人科に精通したスポーツドクターであれば日本スポーツ協会のホームページで調べることができます。ぜひこちらも利用していただきたいと思います。

中高生プレーヤーの皆さんの身体は、今、大人になるための最終段階、過渡期にあります。競技を続ける中でそれが悩みの原因となることもありますが、前向きにとらえられる要素もたくさんあることを知っていただけたのではないかと思います。

自分の身体のことを知り、コンディションを上げるための知識や方法を身につけて、バレーボール選手としても女性としてもますます飛躍していってほしいと願っています。

Conditioning
自己管理
第7章

なりたい自分になるために日頃から自分の身体の声に耳を傾けて

スマートフォンの自己管理アプリも気軽に使えて便利

私の現役時代を振り返ってみると、17歳で日本代表に選ばれて注目され、勝たなければならないというプレッシャーを一人で抱え込み過ぎてしまったところがあります。

痛みを我慢しながら身体に負荷をかけ続け、大きなケガも経験しました。皆さんには、ぜひ日頃から自分の身体の声に耳を傾けてほしい。そしていつもと違うなと感じたら、たとえ小さな違和感であっても周りの大人に相談する勇気を持ってもらえたらと思います。

その意味で、高尾先生のお話に出てきたような選手のコンディションを「見える化」できるアプリは、私も注目しています。

体重、睡眠時間、疲労度、月経、食事内容などを毎日入力することで自分を客観視することにつながりますし、これなら指導者の方に直接言いにくいこともデータのひとつとして簡単に伝えられますよね。バレーボール、サッカー、バスケットボールなど様々な競技で取り入れられ始めていますので、ぜひこういった便利なツールを活用して体調管理やケガ予防、チームの強化に役立てていただければと思います。「この試合に勝ちたい」「優勝したい」という目の前の目標だけでなく、もっと先の将来をイメージしてみるのも大切です。なりたい自分になるために、まずは自分でできる体調管理を。バレーボールも人生も、思い切り楽しんでいきましょう!

Body Care

ケガ予防

第8章

Body Care

ケガ予防

第8章

ケガ予防につながる柔軟性をチェック

バレーボールを楽しむために欠かせないのは健康で元気な身体。高い技術力を持っていても、思うように身体が動かなければ、パフォーマンスを発揮できずケガにつながる恐れがあります。

疲労や身体の痛み、外傷から身体を守るためには入念なウォームアップやクールダウンが重要です。

とくに大事なのは、関節の可動域の柔軟性と身体の軸となる体幹。ウォーミングアップでは、ストレッチで可動域を広げて柔軟性を高めておくことが、技術の向上とケガの予防につながります。

◎はあくまでも理想です。個人差がありますので、日々の自分の身体の状態と比較をします。その日の身体の状態をしっかり把握し、コンディションを整えてからトレーニングに取り組みましょう。

首

◎＝55度以上

肩

◎＝後頭部が見えない

◎＝首元から10cm以下

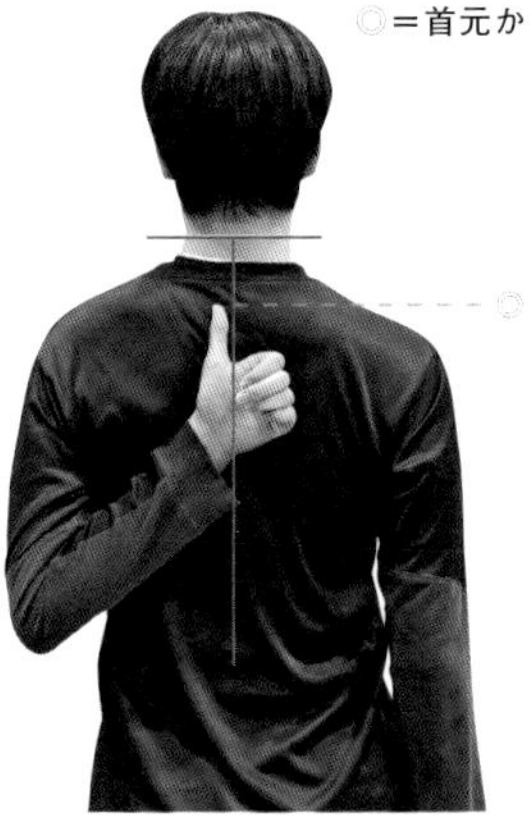

前屈

◎＝パーが床につく

開脚前屈

◎＝頭が床に着く

後屈

◎＝80cm以上

股関節

◎＝120度以上

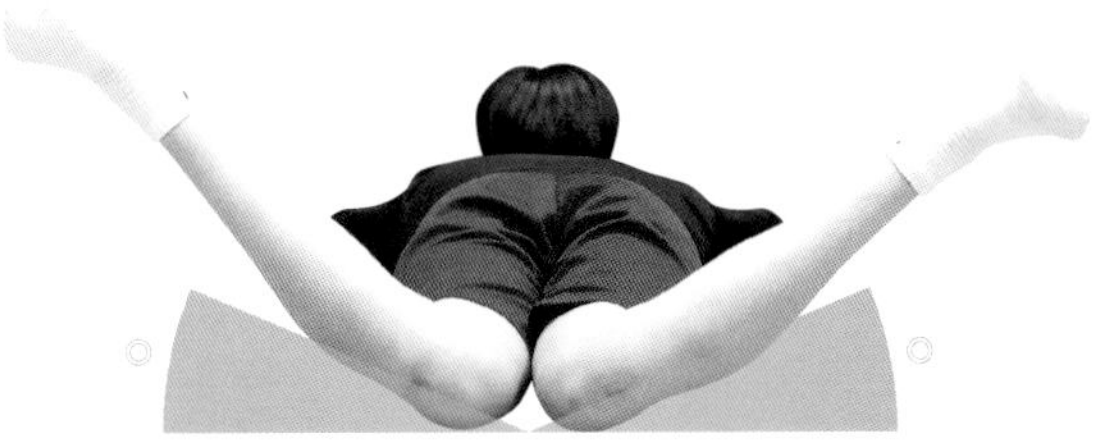

お尻

◎＝ラクにお尻が蹴れる

上半身の柔軟性を高めよう

身体の柔軟性をチェックしたら、次はストレッチで柔軟性を高めていきましょう。上半身は首、肩周り、腹筋、背中をよく伸ばしていきます。

各項目10秒ずつを目安に呼吸をしながらゆっくり行いましょう。最初は硬くても続けていけば、関節の可動域は広がっていきます。

首

片手で耳上あたりを押さえている手の方向へ少しずつ首を伸ばしていきます。このとき、伸ばされているほうの手をぶらぶらと前後に揺らすことで、伸びている感覚が伝わってきます。息を吐きながら行いましょう。

肩甲骨まわり

両ひざを床につけ、両手を頭の上で伸ばします。脇の下をしっかり開き、両手を床に押しつけるようにして背筋を伸ばしていきましょう。

背中まわり

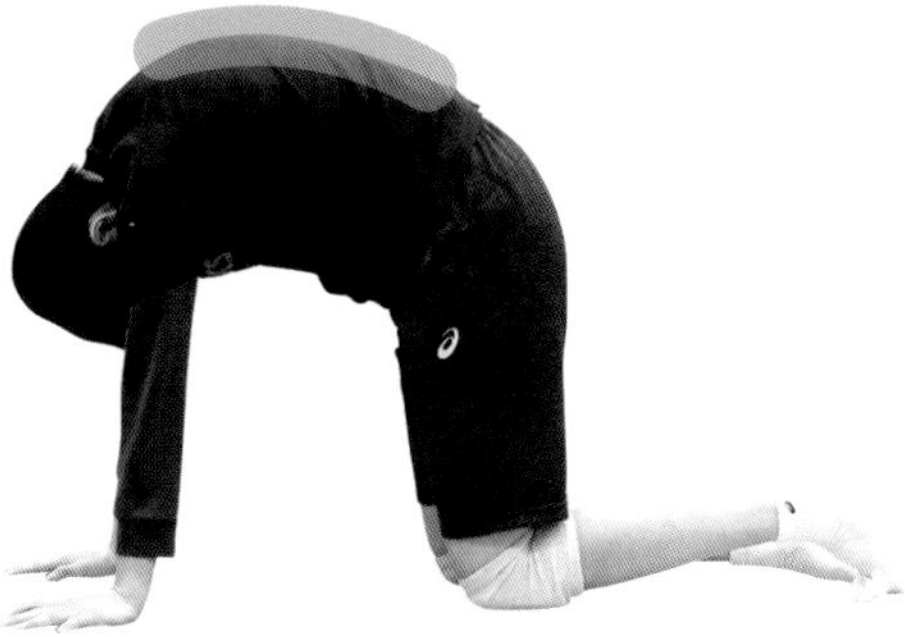

両手を肩幅に開き、四つん這いになります。両手で床を押すようにして、顔をへそへ向けて腹部をへこませるイメージで背中を丸めていきます。

四つん這いの状態で顔を正面に向けます。腹部を床に近づけるようにして背中を反らしていきます。このとき、腹部の力が抜けないように注意しましょう。

腹部

うつぶせの状態から身体の横に両手を床について、そのまま身体を起こします。腹部の筋肉をしっかり伸びるように背中を反らします。その体勢がつらい人はひじを床についた状態で身体を起こすだけでもOK。

Body Care
ケガ予防
第8章

腰痛を予防するストレッチ

バレーボールで引き起こしやすい腰痛を予防するストレッチです。

腰まわり、股関節、太ももの裏、お尻をしっかり伸ばして、柔軟性を高めていきましょう。クールダウンでも入念に行いましょう。

ストレッチで筋肉の血流を促し疲労を取り除くことも大切です。

腰まわり

片方のひざを深く曲げた状態で片足を後ろへ伸ばします。足のつけ根が伸びるように背筋をまっすぐにして行いましょう。

その体勢からお尻を後方に引き、曲げていた足を伸ばします。ふくらはぎから太ももの裏、お尻まで伸びるように意識しましょう。

床に仰向けになり、ひざを90度にした状態で腹部の力で足をコントロールし左右に倒していきます。腰の位置を安定させて腹部からお尻まわりが伸びるように倒せるところまで行いましょう。

股関節

片足を伸ばし、もう片方の足を曲げて上半身を曲げた足のほうへ倒します。そこから上半身を少しずつサイドへ移動させ、股関節の可動域を広げるように伸ばした足と同じ方向へ身体を向けます。

太ももの裏

仰向けになり、片足を90度に曲げた状態で上げて両手でつかみます。さらに足を腹部から動かす意識で足をコントロールし、太もも裏の伸びを感じましょう。

お尻

お尻の筋肉を伸ばすストレッチ。片方のひざの上に足首をのせ、曲げたほうのひざを両手で持ち、身体に引きつけて筋肉を伸ばしましょう。

Body Care
ケガ予防
第8章

身体の軸を支える体幹を鍛える

バレーボールをプレーするうえでストレッチとともに重要なのが、体幹のトレーニングです。体幹は鍛えることで、身体の軸を支える腹筋などの深層部の筋肉が鍛えられます。

　体幹を鍛えられて姿勢がよくなると、パフォーマンスも上がり、ケガの予防になります。

　これらのトレーニングは見た目はシンプルですが、上半身と下半身が連動し軸が作れていないと身体がぶれてしまいスムーズに動くことができません。自宅でも気軽にできるのでぜひ取り入れてみてください。

プランク

上体をまっすぐにした姿勢で両ひじと足で身体を支える体幹トレーニング。腹部に力を入れてお尻が落ちたり、上がったりしないように注意しましょう。

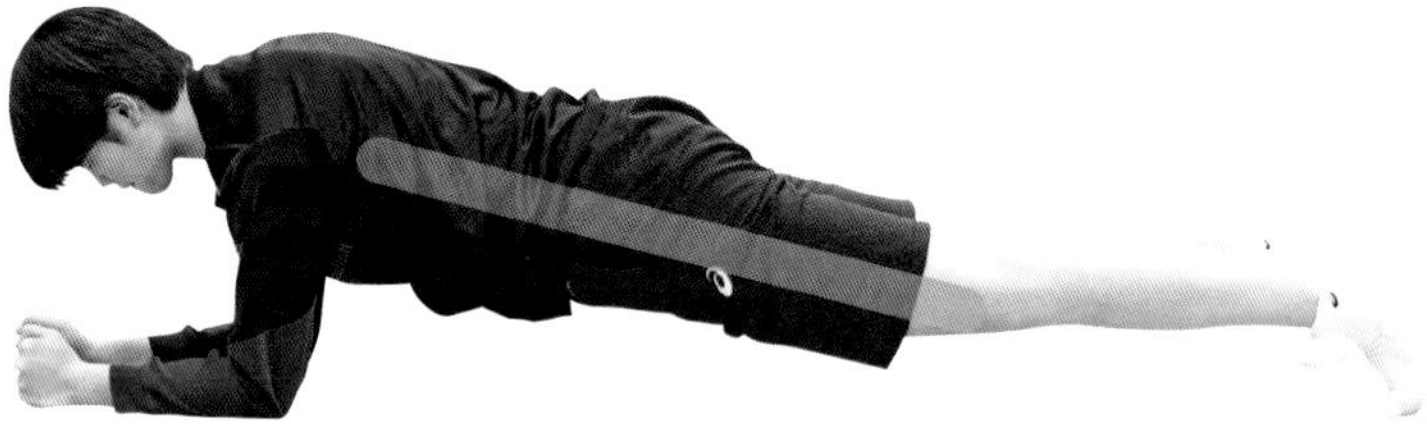

サイドプランク

横を向いた姿勢で片方のひじと足で身体を支えます。脇腹に力を入れて腰が落ちないように意識して腹筋を鍛えましょう。

上半身と下半身を連動させる

かかとにお尻をつけて座ります。上半身の力を使うのではなく、腹部とお尻の力を使ってお尻を持ち上げていきます。上半身と下半身がつながっていることを意識しましょう。

片足上げ

両足で立った状態から太ももが平行になるまで片足を上げます。足から動かすのではなく、腹部に力を入れて身体の軸を意識して行います。慣れてきたら両手を頭の上に上げた状態で足を上げていきます。

ジャンプ力を高める基本のトレーニング

身体の中で一番大きい太ももやお尻の筋肉は、高くジャンプするために大切な筋肉。しっかりトレーニングに取り組むことで、ジャンプ力アップにつながります。

トレーニングは、正しい姿勢を意識して行うことが大切。負荷をかけようとしてフォームが崩れてしまうと、逆にケガにつながります。

フォームが崩れない姿勢を維持して動作を繰り返すのがポイント。各項目10回を2～3セットを目安に取り組み、慣れてきたら回数を増やしていきましょう。

ヒップリフト

床に仰向けになり、両足を床につきます。足を床に押すようにしてお尻を持ち上げます。上半身、お尻、下半身がまっすぐになるようにお尻を上げ下げしていきます。慣れてきたら、片方の足を伸ばし、片足で身体を支えながら、お尻を上げ下げし負荷をかけていきましょう。

ワンポイントで意識がカワル!

柔軟性＆筋力アップが上達への近道

身体がやわらかくなり筋力がアップすると、それまでできなかったプレーができるようになったりプレーが安定したり、必ずプレーに変化が起きます。上達への近道と信じて日々トレーニングに取り組みましょう。

スクワット

両足は肩幅くらいに開きます。腰に手を当てながら腰を落としていきます。ここでポイントになるのは、胸を張り、背筋が丸くならない姿勢から股関節を使ってお尻を落としていくこと。ひざがつま先よりも前に出すぎないように意識して、お尻と太ももの裏を使って行いましょう。

身体へ負荷がかからない フォームづくりでケガを予防

Column 6

私自身、現役時代はケガに苦しんできました。肩や腰に負荷がかかるようなフォームでスパイクを打ち続けたこともあり、常に痛みと戦いながらプレーしてきました。

だからこそ、本書の技術解説では「ケガをしないフォームづくり」を大事に構成しました。ケガは必ず防げます。スパイク時に使う肩や腰、衝撃を受けやすいひざに負荷がかからないフォームを身につけていきましょう。

また元気な身体を維持するには、練習後に十分な栄養と休養をとることも大切。練習や筋力トレーニングの後は使った筋肉を修復するため、積極的にタンパク質が含まれた食事を摂取しましょう。万全の状態で日々の練習に取り組むためには、しっかり休養をとって身体を回復させましょう。

練習やトレーニングのすぐあとに、オレンジジュースやおにぎり、エネルギーゼリーなどの軽食を摂るのがおすすめです!!

Mental

メンタルを整える

第9章

大切なのは目標に向かって取り組んできた過程

気持ちを整えるとプレーも変わる

チームワークとは

バレーボールは、コートにいる6人でボールをつなぐチームスポーツです。チームワークがよいというのは、どんな状態だと思いますか？　仲のよいことはよいことですが、仲のよさを目指すことだけがよいチームワークとは言えません。

チームワークがよい状態とは、チームで掲げた「目的」と「目標」を達成するために、どうしたらチームメイトの力を引き出すことができるのかを考え、疑問に思ったことをきちんと言い合える関係ではないでしょうか。

「間違っているかもしれない」「嫌われたくないな」などと考え過ぎてしま

い、言いたいことを我慢してしまうこともあるでしょう。皆が同じ考えを持っているわけではなく、一人ひとりの違いを認めたうえでその違いを活かしていくことが大切。目標に向かって前進しているチームは、それぞれ得意、不得意があるなかで、誰かの弱点を誰かの長所で補い合うことができるなど、日々対話を重ねることで最高のチームワークが作られていきます。

個の「目的」とチームの「目標」

「目的」と「目標」の意味はそれぞれ異なります。「目的」は成し遂げたい事柄、「目標」は目的を達成するために設けた具体的な事柄や数値を言います。

　チーム内で掲げる「目標」は、大会や試合の結果を指標にするチームも多いと思います。結果ばかりに目がいってしまうと、自分の評価を気にしたり練習を休むのが怖くなったり、楽しくなくなってしまう人もいるのではないでしょうか。

　そんなときは、自分が何のためにバレーボールに取り組んでいるのか、自分の「目的」と向き合ってみる。なぜ、自分はバレーボールをやっているのか。やる理由が一人ひとり、必ずあるはずです。チームの「目標」はチーム全員で共有しますが、個人で掲げる「目的」は全員一致していなくてもいいのです。

　バレーボールをやる理由は自由です。結果ばかりに目を向けるのではなく、大切なのは「目的」を持ち、「目標」の達成に向けて取り組んできた過程です。たとえ目標を達成できなかったとしても、その努力は必ず成長につながっています。

「緊張」を味方にする

　試合前日や試合前になると、身体が硬くなったり気持ちが焦り始めたり、どうしても「緊張する」というプレーヤーも多いのではないでしょうか。私もその1人でした。「緊張する」ことは、決して悪いことではありません。むしろ、いいパフォーマンスを発揮するためには、「ほどよい緊張」は必要な要素だと思います。

　「緊張する」ということは試合でよい

プレーがしたい、勝ちたいなどと強い気持ちを持って挑もうと思っている証拠。「負けてもいいや……」なんて思っていたら緊張しません。ほどよい緊張は、自分の味方です。緊張しないようにしようと思わず、緊張を味方にしましょう。身体ががちがちに硬直してしまうときは、ゆっくりと深い呼吸をして心を落ち着かせていきましょう。

ミスをしてしまったときは……

試合中、メンタルの悩みとして多いのは、ミスをしてしまった後。できないことばかりに目が向いてしまいがちですが、ミスをしてしまったプレーヤーは落ち込む必要はありません。日々一生懸命練習してきても、誰でも試合中はミスをしますし、ときには調子が悪い日もある。そんなときは、声出しや雰囲気づくりなど自分ができることでチームに貢献することを考えましょう。周りのプレーヤーもミスした人をとがめるのではなく、目の前や次のプレーで自分ができることに集中して気持ちを切り替えていきましょう。

　チーム全体で注意したいのは、ミスが続いたとき。連続失点から劣勢になると、どうしても焦りが生じ視野が狭くなります。すると仲間と目が合わなくなるのです。バレーボールはコート上の6人でボールをつなぐ競技。6人が「点」になってしまうとボールは簡単に落ちてしまいます。一人ひとり、目を合わせて「線」を結び「束」になってボールをつないでいきましょう。

それぞれのキャプテン像

　チームには、「キャプテン」や「副キャプテン」という役割が存在します。エー

11

ときには休んでもいい。「なんで自分は弱いんだろう」と思わない

スを担うキャプテンもいれば、試合に出ることは少ないけどキャプテンを任されている人もいるでしょう。

私自身も、高校時代にキャプテンを経験しました。当時の私は、代表チームに選ばれたことで不在にすることもあり、キャプテンなのになかなかチームに溶け込むことができないという悩みを抱えていました。

けれども、そんな私に当時監督を務めていた小川良樹先生（下北沢成徳高等学校バレーボール部前監督）は、「加奈の色のキャプテンでいい」とアドバイスをくれました。私にできることは、プレーで皆を引っ張ることでした。チームにいないときはいるメンバーに任せよう、力を借りようと発想を切り替え、悩みを吹っ切ることができました。

キャプテンは「こうでなければいけない」というのはありません。「理想のキャプテン像」にしばられる必要はありませんし、「理想に近づけない」と苦しむ必要もありません。いろいろなキャプテンがいると思います。もしキャプテンを任されて悩んでいる人がいたら、1人でチー